François Ruffin

LEUR FOLIE, NOS VIES

La bataille de l'après

Éditions Les Liens qui Libèrent

ISBN : 979-10-209-0879-7

À Géraldine, Martine et Annie,
aux auxiliaires de vie sociale,
aux médecins, aides-soignantes, infirmières,
aux ouvriers, aux caristes, aux routiers,
aux agriculteurs, aux ambulanciers,
aux caissières,
aux enseignants,
aux femmes de ménage,
et à toutes les autres, à tous les autres,
qui ont tenu, tiennent, et tiendront le pays.

« Beaucoup d'erreurs diverses, dont les effets s'accumulèrent, ont mené nos armées au désastre. Une grande carence, cependant, les domines toutes. Nos chefs ou ceux qui agissaient en leur nom n'ont pas su penser cette guerre. En d'autres termes, le triomphe des Allemands fut, essentiellement, une victoire intellectuelle et c'est peut-être là ce qu'il y a eu en lui de plus grave. Après tout, se tromper au départ, il est peu de capitaines qui ne n'y soient laissé quelquefois entraîner ; la tragédie commence quand les chefs ne savent pas réparer. »

Marc Bloch, *L'Étrange défaite.*

Demain sera un autre jour,
Demain demain toujours demain
Demain la vie vous sourira
Quand c'est qu'arrivera demain
Demain sera toujours demain
Oh qu'ils sont nombreux les demains

Demain c'est la terre promise,
Demain c'est là le paradis
Demain en demain s'éternise
Demain fuit, qui le poursuit
Demain c'est la terre promise,
Demain c'est là le paradis
Demain en demain s'éternise
Demain décourage aujourd'hui

Les fabulous Trobadors

Mode d'emploi

« J'entends raconter cent nouvelles, fables, paraboles ou histoires, comme on voudra les appeler, dites en dix jours par une honnête compagnie de sept dames et de trois jeunes gens, qui se constitua lors de la récente épidémie… »

C'est le prologue du *Décaméron* de Boccace : « En l'an 1348, dans l'excellente cité de Florence, belle par-dessus toute autre d'Italie, parvint la mortelle pestilence. » Dix amis fuient alors la ville et la peste, se réfugient à la campagne. Pour occuper leurs journées, ils, elles surtout, se racontent des grivoiseries.

Nous n'avons pas tant progressé, depuis sept siècles, et, devant un virus d'un millième de millimètre, le monde entier s'enferme à double tour. Nous voilà un peu comme les Pampinea, Fiammetta, Lauretta du poète italien, coincés par le Covid-19 ambiant, avec Internet en plus…

Alors, pour parodier Gébé et son « On arrête tout, on réfléchit, et c'est pas triste ! » de *L'An 01* : puisque, cette fois, on est bien obligés de s'arrêter, autant réfléchir, pour que demain soit moins triste.

Je m'y suis efforcé, depuis ma cuisine, avec une radio sur Facebook qui reçut des infirmières, bien sûr, des aides-soignantes à l'hôpital et en Ehpad, des médecins, un ambulancier, des auxiliaires de vie, toute la gamme du soin. Mais aussi des caissières de chez Carrefour et Géant, un libraire indépendant, un cariste de chez Amazon, un ouvrier de chez Valeo, un autre de chez Luxfer, une patronne de bar-tabac, un routier à l'arrêt, une mère de famille nombreuse et sans jardin. Des politiques, également: Caroline Fiat, Olivier Besancenot, Delphine Batho, Leïla Chaibi, Sébastien Jumel. Et des intellos, des auteurs: Mathilde Larrère, Dominique Bourg, Cynthia Fleury, Dominique Méda, Paul Jorion, Pablo Servigne, Patrick Weil, Pauline Londeix, Serge Morand, Anne Gervais, Sabrina Ali Benali, Lucas Chancel. C'était en soirée, ça. En journée, en matinée surtout, avant l'ENT des enfants, je rédigeais ce manuscrit. Mon équipe le mettait en ligne, presque au quotidien, et les internautes le modifiaient en direct, ajoutant ici, retranchant là, nous adressant près de trois mille contributions, 2657 exactement à ce jour, un raz-de-marée qui en dit long sur un désir d'expression, toutes lues, toutes archivées sur www.lan01.org, toutes passées au tamis par notre équipe, Anne-Sophie Jacques et Cyril Pocréaux en «première ligne», avant de m'en faire passer une sélection, des résumés.

Voilà le résultat: une écriture personnelle qui participe d'une aventure collective.

PANNE D'AUTO

Nathalie, aide à domicile, Aisne

« Je travaille dans le maintien à domicile pour les personnes âgées et fragiles en perte d'autonomie. Mon auto est tombée en panne... Grrrr... Pris décision d'appeler l'assurance. Le remorqueur. Le garage. Mon contrat précise le prêt d'une auto pour 5 jours. Il est 17 h, la location d'auto est déjà fermée. Eh oui : Covid-19. Donc confinement. Faut attendre lundi vers 10 h pour en avoir une.

J'ai un bénéficiaire pour le change. Repas et coucher. Le temps passe très vite. Mes patronnes ne répondent pas. Je décide d'y aller à pied. 8 km en 1 h 20. Imaginez... Il reste encore 2 km. Je lève le pouce pour faire du stop. Les gendarmes passent, fenêtres entrouvertes, il est 19 h avec beau soleil.

Je crie s'il vous plaît. Ils ne s'arrêtent pas. Et j'entends leur mégaphone. ON N'EST PAS UN TAXI MADAME. Grrrrr... Qui oserait faire du stop face aux gendarmes. Vraiment déçue. Le monde va très mal.

Bon, c'est le démarreur. Eh bah le garagiste me fait sûrement le tarif Covid-19 car il demande 350 euros. Je conclus que la main-d'œuvre se paye en dollars. Franchement, je me demande pourquoi je bosse face à tous ces arnaqueurs qui pensent qu'au fric. »

PROLOGUE

« Tirer les leçons du moment »

MOTS DOUX

Henry, dans la com'

« La brèche dans laquelle nous devons nous engouffrer, le vide que nous devons remplir, ils essaient déjà de se l'approprier et d'y fourrer leur rhétorique en utilisant d'abord les mots les plus doux à nos oreilles. Ne nous laissons pas envoûter. »

On en était où ?

Ah oui.

On fonçait vers le gouffre, à vitesse accélérée.

Les rapports du GIEC tombaient, année après année, toujours plus déprimants, sur le réchauffement, +1,5 °C, +2 °C, +3 °C, +4 °C. La calotte glaciaire fondait, les ours polaires se noyaient, le Mont-Blanc reculait, les rivières baissaient, les oiseaux, les insectes, les abeilles ne se cachaient même plus pour mourir.

Greta Thunberg et ses copains-copines avaient beau alerter, jouer les Cassandre de Davos à l'Onu, d'un contre-sommet à l'Assemblée, rien n'y faisait. Certes, les dirigeants convenaient de « l'urgence climatique », mais ils gardaient le pied sur l'accélérateur, croissance, croissance, croissance. Ils répétaient compétitivité, ces tarés. Le volant était entre les mains des plus aveugles, des plus cyniques, des plus avides. C'était foutu. On regardait nos enfants plus qu'inquiets, angoissés, coupables : comment allaient-ils survivre dans ce monde de merde ?

Moi aussi, je le radotais sur tous les tons, et même en chanson :

« Qu'on obéisse à nos bons maîtres,
Et la planète fait place nette,
Plus d'hirondelles, plus de moineaux,
Plus de sauterelles et plus d'oiseaux.
Ils nous envoient droit dans le mur,
Qu'éclabouss'ra notre sang impur. »

Contre ce pessimisme, le pessimisme de la lucidité, on avait beau s'armer d'optimisme, celui de la volonté, on ne voyait pas trop l'issue de secours. L'humanité était entraînée dans une course folle, suicidaire, avec pourtant la conscience de cette catastrophe : on le savait, et on savait pourquoi, et on l'analysait avec des chiffres, on le commentait sur les ondes, on le prévoyait, on le mesurait, on le calculait, avec des climatologues et des ornithologues, des modélisateurs et des ordinateurs, armés de toute une science pour comprendre notre malheur, mais sans intelligence pour l'éviter. Comme des héros antiques marqués par le fatum, prévenus par la Pythie, nous avancions, nous foncions même à toute allure, vers notre funeste destin. Fatalité !

Et soudain.

La planète s'arrête.

À cause d'un micro-machin d'un millième de millimètre, même moins. Passé, semble-t-il, d'une chauve-souris à un pangolin, que je ne savais même pas que ça existait, le pangolin, avant l'humain. Parti d'un coin de Chine et arrivé ici, en Picardie, en Amérique, en Australie, partout.

Mais qu'importe, au fond, l'engrenage.

Reste un fait : la planète s'arrête.

On souhaitait qu'elle ralentisse, doucement, en le programmant, en l'organisant, et voici que la planète s'arrête tout sec, tout net.

C'est une crise, soit.

Une crise sanitaire.

Une crise économique bientôt.

Une crise sociale à venir.

Avec son cortège de drames, déjà présents.

Mais c'est aussi une chance.

La dernière peut-être.

La dernière chance que nous offre l'histoire, ou la nature.

Comme un avertissement.

L'occasion d'une bifurcation.

La planète s'arrête. Alors, maintenant, dans quel sens on va la redémarrer ? À quelle vitesse ? Dans quelle direction ?

Cette chance, nous ne devons pas la gâcher. Nous n'avons pas le droit de la gâcher. « Il y a aura un avant et un après », on nous promet.

L'espoir renaît.

*

« Une certaine idée de la mondialisation s'achève. L'idée de la toute-puissance du marché, qui ne devait être contrarié par aucune règle, par aucune intervention politique, était une idée folle. L'idée que les marchés ont toujours raison était une idée folle.

L'autorégulation pour régler tous les problèmes, c'est fini.

Le laissez-faire, c'est fini.

Le marché qui a toujours raison, c'est fini.

Il faut tirer les leçons de la crise pour qu'elle ne se reproduise pas. Nous venons de passer à deux doigts de la catastrophe, on ne peut pas prendre le risque de recommencer. »

C'est du Nicolas Sarkozy, ce discours, à Toulon, le 25 septembre 2008.

Cet automne-là, après la chute de Lehman Brothers, tous, tous les libéraux, de Christine Lagarde à Bercy jusqu'à Alan Greenspan aux États-Unis, tous ont défilé à la télé avec pour refrain : « C'est fini, c'est promis, on va encadrer, réguler, tout bousculer... » Ils battaient leur coulpe à coups de fouet, avec des lanières en cuir et des clous au bout : « Nous avons péché ! Nous ne recommencerons plus ! »

Et que s'est-il passé ? Rien. Ils ont recommencé. Le phénix de la finance est re-né de ses cendres. Des milliards traversent, à chaque seconde, les mers et les continents, la masse pour de l'agiotage rebaptisé « trading », les miettes pour l'« économie réelle », avec des bulles qui grossissent au-dessus de nos têtes, prêtes à éclater à la moindre alerte. Nous ne sommes même pas parvenus, ni en France ni ailleurs, à séparer « banques d'affaires » et « banques de dépôt », notre épargne servant à jouer au casino ! Cette mesure serait « excessive », « inutile », « nuirait à notre compétitivité », proclamaient désormais mille voix, les mêmes parfois qui, hier, nous assuraient que « c'est fini, c'est promis ».

Ce mois-ci, ce mois de mars 2020, leurs litanies ont repris.

Jeudi soir, Emmanuel Macron nous a offert un festival, copiant, parodiant, dirait-on, son prédécesseur à l'Élysée :

> « Mes chers compatriotes, il nous faudra demain tirer les leçons du moment que nous traversons, interroger le modèle de développement dans lequel s'est engagé notre monde depuis des décennies et qui dévoile ses failles au grand jour, interroger les faiblesses de nos démocraties. Ce que révèle d'ores et déjà cette pandémie, c'est que la santé gratuite sans condition de revenu, de parcours ou de profession, notre État-providence ne sont pas des coûts ou des charges, mais des biens précieux, des atouts indispensables quand le destin frappe. Ce que révèle

cette pandémie, c'est qu'il est des biens et des services qui doivent être placés en dehors des lois du marché. Déléguer notre alimentation, notre protection, notre capacité à soigner, notre cadre de vie au fond, à d'autres est une folie. Nous devons en reprendre le contrôle, construire plus encore que nous ne le faisons déjà une France, une Europe souveraine, une France et une Europe qui tiennent fermement leur destin en main. Les prochaines semaines et les prochains mois nécessiteront des décisions de rupture en ce sens. Je les assumerai. »

Sous la forme d'un virus, le Saint-Esprit est descendu sur notre président et portait sur ses ailes des « révélations » : sur les vertus de la Sécu, sur les services publics, sur les lois du marché.

Je suis vacciné.

« Paroles, paroles, paroles ! comme chantait Dalida.
Encore des mots, toujours des mots
Les mêmes mots
Je n'sais plus comment te dire,
Rien que des mots ! »

Demain, je prends les paris, ils auront oublié. Demain, ils voudront juste que le système soit sauvé, qu'il retombe sur ses pattes, un peu aménagé, à la marge, des bricoles, « tout change pour que rien ne change »...

*

AVERTISSEMENT

Thomas, doctorant en économie, Paris

« Il y a dans la période, et surtout pour l'après, une grande vigilance à avoir vis-à-vis de la "réécriture de l'histoire". Il en va de même pour tous les événements majeurs qui dans un premier temps déstabilisent les dominants (sécurité sociale, congés payés, droit de grève, 1789...), avant d'être récupérés et « digérés » par les dominants pour produire un discours qui les mette en avant : "Les vainqueurs l'écrivent, les vaincus racontent l'histoire" (Booba). »

Alors, que faire ?

Que faire durant la crise sanitaire ?

Rien.

Appliquer les consignes, se confiner à domicile, garder les enfants, ne pas voir les parents, en citoyen ordinaire, exemplaire. Moins on en fait, plus on aide les soignants, semble-t-il.

C'est comme un jeûne.

Comme si une part de nous, de moi du moins, attendait cela : la pause sur ordonnance. Qu'à la frénésie du monde, à ce mouvement perpétuel qui nous habite, qui nous hante, au petit hamster qui en nous pédale pédale pédale, on vienne dire « stop ». Qu'on nous mette en quarantaine de ce délire.

« On arrête tout, on réfléchit, et c'est pas triste ! » décrétait Gébé dans *L'An 01*, qui fleurait bon l'espérance d'après-Mai 68. Les Gilets jaunes ont bien tenté, l'an dernier, à leur tour, de s'arrêter, de s'arrêter pour refaire société sur les ronds-points, de s'arrêter pour se choisir un destin commun. À ce point d'interrogation qu'ils se posaient, qu'ils posaient à la société, « quel est le sens ? », on leur a répondu par des bulldozers, des matraques et des LBD. Circulez, que les flux circulent, les flux de camions, les flux de marchandises, circulez, y a rien à voir, et surtout rien à penser, on pense pour vous.

Qu'on profite de cet arrêt, subit, soudain, pour penser l'après.

L'après-crise sanitaire.

L'après-coronavirus.

Mais pas un après éthéré qui nous tomberait du ciel, comme un Idéal, qui sortirait des nuages tiré par de blancs chevaux, Le Monde d'Après, tin tin tin, sur une symphonie de Lully. Car le leur, de monde, serait fini, et ils l'auraient bien compris, bien admis, alors voici le nôtre. Voici nos Mesures de Justice et de Solidarité, d'Amour et de Paix, qui adviendraient dans l'Harmonie universelle.

Non.

L'après se mérite.

L'après est un champ de bataille.

L'après est un combat contre les forces obscures de l'Empire, qui ne renoncent pas.

Alors, d'abord, saisir le présent dans la chaleur du moment : enregistrer les discours, retenir les images dans nos rétines. Car bientôt ils voudront qu'on oublie. Qu'on oublie les masques, qu'on oublie les tests, qu'on oublie les sacs poubelles des soignants, qu'on oublie ce temps du pouvoir hésitant, presque s'excusant, se repentant, qu'on oublie ses manquements et ses mensonges en série, qu'on oublie tout, tout peut s'oublier, et ils voudront très vite l'effacer. S'ils votent aujourd'hui une loi d'amnistie, c'est une loi d'amnésie qu'ils souhaiteraient, surtout. Nous devons garder la trace, dans nos mémoires, comme une semence de colère et d'espoir.

Et ce présent, aussi, le lier à l'avant : l'Événement ne surgit pas du néant, mais d'un lent mûrissement. Depuis trente années, ils mondialisent, défiscalisent, économisent. Trente années de « compétitivité » et de « concurrence libre et non faussée ». Trente années de « réduction des déficits », et c'est le champ des possibles surtout qui se réduit, c'est la politique qui se jivarise. Trente années qu'avec d'autres, parmi d'autres, je vitupère dans le semi-désert, comme reporter, puis comme parlementaire, que j'écris et crie en vain, de *Leur grande trouille. Journal intime de mes pulsions protectionnistes* à *Un député à l'hôpital psychiatrique*, de *La Guerre des classes* à *Un député à la ferme*. Les pieds dans la gadoue des porcheries, dans les cours des usines, dans les tours de HLM, la tête dans les accords de l'Uruguay Round, dans les orientations de la Commission à Bruxelles, dans les budgets et les traités votés à l'Assemblée. Trente années de décisions pour la santé, l'agriculture, l'industrie, et qu'on paie aujourd'hui, qui se cristallisent dans une crise.

Et l'après, désormais : comment la société va-t-elle en sortir ? De quel côté va-t-on basculer ?

C'est un virus de droite : les scientifiques, et le gouvernement, nous demandent de nous isoler, de couper les liens, même avec nos proches, même avec nos parents. Les enfants ne sortent plus, se plongent encore plus dans les écrans, qui relèvent quasiment de la prescription médicale. D'ailleurs, pour nous distraire, Canal+ est en clair. À la boulangerie, je regarde la file, un mètre entre chaque personne, la distance est respectée, le voisin un peu suspect, quelle tristesse que ce spectacle immobile ! Au fond, ce virus nous encourage à l'individualisme, à la méfiance, à la « distanciation sociale », qui est déjà la pente de l'époque. Et il pourrait bien rester ça comme trace de ce temps : qu'on s'habitue, petit à petit, qu'on s'habitue à la vie numérique, qu'on s'habitue à une coupure d'avec la nature, confinés, enfermés, l'air du dehors comme menace, qu'on s'habitue à respirer masqués, qu'on s'habitue aux précaires, aux métiers mal payés qui « montent au front » pour le confort des plus aisés, qu'on s'habitue à une police qui nous contrôle partout, surveillés pour notre bien.

Mais c'est aussi un virus de gauche : d'un coup, l'économie n'est plus la suprême finalité, passe avant la santé. Le PIB, le taux de croissance, les petits calculs budgétaires sont mis entre parenthèses. Le politique reprend la main. Des mots qui étaient interdits hier, que nous prononcions nous-mêmes avec timidité, ces mots sont aujourd'hui dans le débat public : « réquisitions », « plafonnement des prix », « protections », « nationalisations »... Déposant, au printemps dernier, une proposition de loi « visant à remplacer les vols intérieurs par le train », je faisais figure de khmer vert, j'attentais à la liberté, et voilà que tous les avions sont cloués au sol ! Les frontières aériennes fermées ! C'est un imaginaire qui se rouvre : tout est possible ! L'audace retrouve sa place.

Face à la catastrophe écologique, demain, face à un péril climatique certes plus lointain que ce Covid-19, mais mille fois plus terrible, menaçant non pas un pour cent, ou deux, de la population, mais tout le genre humain, usera-t-on de ces mesures hardies, intrépides, résolues ? Ou reviendra-t-on au *business as usual* ?

*

Que feront-ils de cette crise ?

Rien.

C'est leur but, que tout reprenne comme avant. « Comment on fait pour redémarrer notre économie au lendemain de cette crise ? » s'interroge le ministre Bruno Le Maire en un couplet connu, refrain automatique répété par lui et les siens depuis des décennies : « Toutes ces mesures sont faites avec une idée très simple : il faut que l'économie puisse redémarrer très fort… Nous avons la capacité de rebondir. Un plan de relance est prévu, et nous y travaillons… pour que, dès que nous serons sortis de la crise, la machine économique redémarre le plus vite possible… »

« Rebondir », « relancer », « redémarrer », « très fort » et « très vite », mais dans quelle direction ? « Il faudra que le pays reparte », nous dit-on encore, mais vers où ? Le *sens* n'est jamais énoncé, précisé : cette « machine économique » servira-t-elle les hommes, la planète ? Ou mènera-t-elle à notre destruction ? Ne pas poser ces questions, c'est déjà y répondre : que ça reparte de l'avant et comme avant, et même pire qu'avant. Car on devine la suite, leur suite, leurs éléments de langage récités en boucle : après ce « choc violent », des « efforts » seront « nécessaires » pour « remonter la pente », point de PIB après point de PIB. Déjà, leurs experts nous préviennent : « Il faudra que l'on se retrousse tous les manches pour reconstruire notre économie », « la seule solution, c'est la croissance, et donc le travailler plus ». Les milliards, les centaines de milliards versés pour que ça « redémarre », pour que ça « relance », pour que

SCIENTIFIQUES

Corentin, volontaire en service civique, Ille-et-Vilaine

« Dans son discours du jeudi 12 mars, Emmanuel Macron a utilisé 5 fois les mots "science" ou "scientifique" : "La science", "le comité scientifique", "les scientifiques"... Dans son discours du lundi 16 mars, Emmanuel Macron a utilisé 6 fois les mots "experts", "science" ou "scientifique".

Continuons d'écouter les scientifiques, qui nous alarment depuis tant années, pour "changer notre modèle de développement" ! Du rapport Meadows de 1972 aux injonctions récentes à la désobéissance civile pour sauver ce qui peut encore l'être, ça fait bien longtemps que le pouvoir ne les écoute pas. »

ça « rebondisse », nous devrons les payer par des « sacrifices ».

C'est un chemin de croix qu'on nous annonce, avec comme résurrection promise, au sommet de notre Golgotha : la croissance. C'est un calvaire, certes, mais rassurant peut-être, parce que connu, un boulevard emprunté depuis trente ans. Faisons-leur confiance, alors : pour un retour à l'identique, tel quel, à des nuances près, ils seront les meilleurs, vraiment. Et pourtant, même les meilleurs, même les bons petits soldats de l'Ena, n'y parviendront pas. Ce ne sera que reculer devant la catastrophe pour moins bien sauter plus tard. Le désastre écologique, patent, nous reviendra à la figure, comme un boomerang, dans vingt ans, dans dix ans, peut-être moins.

Car on le pressent.
On le devine.
On le sait, intimement.

Ce Covid-19, ce ne sont que des prémices, une répétition générale, un échauffement avant le réchauffement. Inondations, tornades, sécheresses vont se succéder. Les dix plaies d'Égypte seront pour nous : les eaux du fleuve changées en sang, les poissons qui périssent, les troupeaux qui se meurent, la terre qui devient poussière, le pays dévasté par les mouches et les sauterelles, les pustules et les ulcères, la grêle en plein été, la canicule en hiver, trois journées de ténèbres… La nature est déréglée, elle va se venger, elle se venge déjà.

Ils nous y préparent, à leur manière. Discrètement, au fil des jours, je note un changement rhétorique. La formule « Il y aura un avant et un après » se transforme en « Nous ne vivrons plus comme avant ». L'espoir se mue en menace, en filigrane. « C'est fini de rigoler ! » on entend, un avertissement aux cigales que nous sommes : « Vous chantiez ? Eh bien dansez, maintenant ! » À la place de la vaste remise en cause, celle des élites, de leur politique, que sous-entendait le « Il y aura un avant et un après », on devine désormais, dans le « Nous ne vivrons plus comme avant », un deuil qui nous est réclamé, le deuil de

VENGEANCE

Isabelle Basse, psychomotricienne, Lot

« La nature ne se venge pas. Elle équilibre, elle régule, elle reprend ses droits, elle se soigne. La vengeance est une caractéristique péjorative qui ne convient pas pour définir la nature. »

l'« avant », l'innocence perdue, la joie prohibée, nos enfants masqués, les peuples enfermés, les droits de réunion et de manifestation suspendus, la surveillance renforcée, avec un cortège de drones, de couvre-feux et de laissez-passer. Voilà leur monde d'après.

Voilà leurs réponses, exceptionnelles aujourd'hui, qui deviendront naturelles demain, aux crises à venir, aux crises en série. À défaut de mesures politiques, de mesures sociales, de mesures écologiques, de mesures sanitaires, des mesures policières.

Pour que rien ne change.

Ou alors, s'ouvre à nous un autre chemin, un sentier à découvrir, incertain : cette crise, c'est un embranchement qui nous est offert.

Tant qu'à faire.

Au point où on en est.

Qu'on redonne un sens, une direction, à notre économie, à nos sociétés. Qu'on se prépare pour les prochains soubresauts. Qu'on ne renonce pas au bonheur, à le chercher, à tâtons.

« Plonger au fond du gouffre, Enfer ou Ciel, qu'importe ?

Au fond de l'Inconnu pour trouver du nouveau ! » conseillait Baudelaire, mais pas par goût du risque, ce plongeon, au contraire, par nécessité. Ou alors, en plus politique, comme l'ordonnait Roosevelt : « Il faut essayer quelque chose. Le pays ne nous en voudra pas d'avoir échoué, mais il nous en voudra de ne pas avoir essayé. »

Comme avant, ou pas ?

C'est l'heure du choix. Et sûrement pas le moment du consensus, de l'union nationale, du « en même temps ». Devant nous, il y a un embranchement. Et je dirai même : les Français doivent trancher, dans la clarté.

*

Ce sera de notre faute, à nouveau, si rien ne change.

C'était de notre faute, un peu, en partie, si après la crise des subprimes rien n'a changé, si le démon de la spéculation est revenu intact.

Je me souviens.

Au printemps 2009, trois manifestations, massives, j'en étais, se sont déroulées, trois fois plus d'un million de personnes. Avec quel mot d'ordre ? « Nous ne paierons pas leur crise. » Un beau slogan, mais qui ne signifie rien. Souhaitions-nous une nationalisation,

JE NE SUIS PAS TRÈS HEUREUX

Baptiste, électricien, Finistère

« J'aimerais faire un travail plus utile que poser des compteurs Linky. J'ai travaillé à l'hôpital, et mes collègues me disaient qu'ils perdaient de plus en plus de sens au travail. L'hôpital est devenu une entreprise rentable. Quitte à supporter une hypocrisie au quotidien, j'ai préféré retourner dans le privé.

Dans tous les cas, je ne suis pas très heureux, cela fait des années que je n'aime plus travailler.

Si l'État nous permettait de travailler moins (je sais que c'est de l'ordre de l'utopie dans l'état actuel des choses), je suis persuadé que j'userais de mon temps libre pour fédérer mes voisins (chômeurs, retraités et autres...) autour d'un projet commun, comme faire un jardin partagé en permaculture autour de ma résidence, par exemple.

Je suis sûr que nous sommes très nombreux à le vouloir, mais nous en sommes empêchés. Nous avons vraiment besoin d'une politique nouvelle pour piloter cette société qui, je l'espère, n'est pas que de l'ordre de l'utopie... Un jour, peut-être... »

ou bien une socialisation du crédit ? Ça n'était pas dit. Réclamions-nous que les fonds de la Banque centrale européenne soient ciblés, fléchés, vers les entreprises, les collectivités, les ménages ? Exigions-nous que soit mis fin à la « libre circulation des capitaux, au sein de l'Union et avec les pays tiers » ? Nous n'en soufflions mot. À coup sûr, des intellectuels, des économistes hétérodoxes nourrissaient de belles idées, et moi-même je n'en manquais pas (la gauche en manque rarement). Mais rien qui soit répandu comme une évidence dans les partis, les syndicats, les associations. Pas les trois mesures claires, nettes, que comprendraient tous les Français, qui nous servent de socle commun. Pas le contre-programme qui, avec un pouvoir dans le doute, avec leur idéologie qui agonisait, serait venu remplir un vide.

Puis la fenêtre s'est refermée.

La fenêtre d'opportunité.

Car oui, une crise, c'est également une opportunité, tragique, dramatique, de renouveau, la renaissance. Mais une opportunité à saisir, qui passe vite.

Mon héros, Maurice Kriegel-Valrimont, qui fit prisonnier le général von Choltitz à la libération de Paris, en août 1944, Maurice (je me permets) me le confiait à sa manière. Avec des hommes de droite, avec des aristocrates, lui, le syndicaliste du Front populaire, proche du Parti communiste, avait participé à la rédaction des « Jours heureux », le programme du Conseil national de la Résistance (à celle de la première partie, en vérité, le volet militaire). Comment expliquer, je lui demandais, que ces bourgeois, et ces partis bourgeois, aient signé un texte qui prévoyait « l'instauration d'une véritable démocratie économique et sociale », « l'éviction des grandes féodalités économiques et financières de la direction de l'économie», «le retour à la nation des grands moyens de production»? «Quand l'histoire grandit, les hommes grandissent avec! me répondit-il en riant. Et c'est beau à voir, c'est beau à voir! D'ailleurs, vous savez bien à quelle vitesse, ensuite, on revient en arrière: à toute allure, en y mettant la cravache!»

À toute allure, oui, ils reprennent les commandes.

En y mettant la cravache, ils remettent le pays sur les rails de leur «bon sens» étroit, de leur «pragmatisme» absurde, de leur «réalisme» philistin, et le réalisme veut, bien sûr, que les dirigeants dirigent, que les actionnaires dividendent, que les salariés travaillent, se résignent et se taisent. Alors, quand un instant l'ordre leur échappe, quand entre leurs mains le manche branle, il faut le saisir, être prêt. S'engouffrer, oui, dans la crise comme dans une brèche.

«Ce n'est pas le moment!» répétaient, à la Libération, les députés MRP, le ministre René Pleven, l'Ordre des médecins, le patronat défait. «Le pays est en ruine, les routes détruites, les usines à l'arrêt… Et vous nous parlez de santé, de retraites? Attendez, attendez des jours meilleurs…» Ambroise Croizat, ministre des Travailleurs, n'a pas attendu, et à la tribune de l'Assemblée il a prévenu: «Le peuple de France n'attend pas. Il ne comprend pas les oppositions à un système qui soulagera sa misère et lui donnera pour la première fois de son histoire le droit légitime de se soigner, d'être tranquille, de vivre enfin dans la dignité. » Lui n'a pas attendu, et « en dix mois à peine, malgré les oppositions, nous avons pu construire cette énorme structure », si vite, dans un « enthousiasme indescriptible », car Ambroise Croizat le savait, il savait que le retour à l'ordre ne tarderait pas, le retour à la normale du « ça ne va pas être possible », que la fenêtre bientôt se refermerait et qu'en urgence il fallait s'y faufiler…

C'est dans l'obscurité de la nuit nazie, dans la pire déchéance de la France, que Maurice et les siens ont rédigé « Les Jours heureux ».

C'est une crise frumentaire, des disettes dramatiques, le trésor du royaume à sec qui ont accouché des cahiers de doléances, puis de la Grande Révolution, d'une secousse d'espérance qui a bouleversé l'Europe et qui continue de nous habiter.

C'est la crise de 1929 qui nous a apporté le Front populaire, les quarante heures et les congés payés…

Mais, là encore, la tournure « nous a apporté », qui implique une passivité, n'est pas indiquée. Ce sont les hommes et les femmes qui font l'histoire. Ce sont les syndicalistes, les militants d'alors, qui ont permis l'« embellie » de 1936. Cette même crise qui a débouché, en Allemagne, sur le national-socialisme, aux États-Unis sur le New Deal.

À nous de choisir.

À nous de permettre, pour nous, pour nos enfants, un happy end, dès maintenant, activement.

*

« Modèle de développement », « faiblesses de nos démocraties », « santé gratuite », « lois du marché », « une France, une Europe souveraine », « décisions de rupture »... Le discours d'Emmanuel Macron cité plus haut est prometteur. Dans ce livre, nous – nous, l'auteur, mais aussi les milliers d'internautes de l'An 01 – allons l'étudier, phrase après phrase, engagement après engagement.

Pourquoi ?

Pour qu'il ne sorte pas de cette pandémie blanchi, comme d'un bain de jouvence, comme d'une cure de virginité, « le Macron nouveau est arrivé », tel le beaujolais, « j'ai (encore) changé ». Le temps d'une allocution, même pas, d'un paragraphe, il se couvre d'un vernis. Il nous faut le gratter. Découvrir, point par point, combien sa soudaine épiphanie contredit ses actes, ses paroles, depuis trois ans comme président, mais auparavant comme ministre de l'Économie, et auparavant à la Commission Attali, bref, tout son parcours, depuis toujours.

Mais pas seulement lui, au-delà de lui, lui comme emblème, lui comme dernier avatar d'une litanie de dirigeants qui, depuis quarante ans, servent l'argent avant les gens, la finance avant la France, les multinationales avant l'intérêt général. Et même durant cette crise sanitaire, même le temps d'un virus, cette élite arrogante n'a pas changé, pas varié ses priorités, pas gagné en humilité.

Qu'on ne leur accorde aucun crédit.

Ils ne changeront pas. Il nous faut en changer, les chasser de l'Élysée, des ministères, des agences diverses et variées, de tout un État colonisé par les Sanofi et les lobbies, les BlackRock et les Dolder.

Voilà pour le bulldozer, nécessaire : démolition avant travaux.

Ensuite, derrière, au fil des chapitres, nous reconstruirons en maçons. Nous ébaucherons, nous préciserons nos « décisions de rupture » à nous, quant à la « démocratie », quant à la « santé gratuite », quant à la « souveraineté », quant au « modèle de développement ». Quant à ce principe, surtout, d'abord, qui doit nous guider : la vie avant l'économie.

Le président nous y enjoint, c'est sa première phrase : « Mes chers compatriotes, il nous faudra demain tirer les leçons du moment que nous traversons. » Mais pourquoi le futur ? Pourquoi « demain » ? Pourquoi attendre son accord et son « nous » de majesté ? Pourquoi, comme dirait ma mère, remettre au lendemain ce qu'on peut faire le jour même ?

Ces « leçons », tirons-les dès aujourd'hui. Aujourd'hui que nous avons le temps. Demain, il sera trop tard.

DEMAIN, C'EST LOIN

Sara et Guilhem, sociologues, Haute-Garonne

« Dire “demain”, c'est dépolitiser la crise, désengager les citoyen.ne.s de sa gestion en les renvoyant à leur statut d'individus, éventuellement irresponsables s'ils ne suivent pas les consignes. C'est également reléguer les alertes lancées par les soignant.e.s ou les ouvrier.ère.s sur leurs conditions de travail au statut de bruit de fond.

Le terme “demain” est central, parce qu'il pose un impératif moral en lien avec la crise : l'absolue nécessité d'avoir confiance dans le fait que le gouvernement prend les bonnes décisions. Que ce soit le cas ou non n'est pas le problème, on en parlera “demain”. Il n'est pas temps de discuter les décisions prises aujourd'hui, car la “polémique” serait contre-productive.

Demain, quand sera venu le temps de se réjouir de la fin de la crise, les souvenirs auront perdu en acuité et en dramaturgie. Le sentiment d'urgence aura perdu de sa force, de son évidence. »

ÉCONOMIE

Des « décisions de rupture »

SANS MA COMPAGNE

Stéphane, électricien, Bouches-du-Rhône

« Comme beaucoup de monde, je suis confiné chez moi. J'ai le droit de sortir une heure autour de chez moi. D'aller faire des courses dans un supermarché qui sont tous bondés comme à la veille de Noël. On doit aller travailler dans des usines (comme Toyota).

Mais si je fais 40 km pour voir ma compagne que je n'ai pas vue depuis un mois, je risque une amende de 135 euros. Je comprends pas la logique. Mon cas est celui de plusieurs dizaines de milliers de personnes en France, privées de vie affective. Où sont les droits élémentaires quand on interdit aux couples de se voir ? Même dans les dictatures dures, ils n'ont pas osé le faire. »

J'avoue, j'y ai cru.

Peu, mais un peu.

Ce discours vibrant, cette « reconnaissance de la Nation à ces héros en blouse blanche, ces milliers de femmes et d'hommes admirables qui n'ont d'autre boussole que le soin, d'autre préoccupation que l'humain, notre bien-être, notre vie, tout simplement », je me suis dit que lui aussi, alors, le président de la République, que toute la Nation, en faisait sa boussole, de l'« humain » d'abord. Son insistance sur « l'urgence », « l'urgence de protéger nos compatriotes », « l'urgence de freiner l'épidémie », « ce sont là nos priorités », « la priorité absolue sera notre santé ». « Sauver des vies, quoi qu'il en coûte », sept fois, durant son allocution, sept fois, le chef de l'État a répété le mot « vie » : « Ces gestes sauvent des vies, des vies. » Et dans ce redoublement, dans cette redondance, on percevait toute la gravité de l'instant, toute la prise de conscience.

Enfin !

Je songeais : certes, ça lui passera, certes, il reviendra à la normale et à sa norme, « l'argent d'abord », mais au moins, le temps de cette crise, les priorités seront bouleversées, comme un répit, comme un repos, et il en restera quelque chose.

Je me trompais.

Je péchais encore par optimisme.

C'est mon footing qui m'a alerté.

Je courais seul, ce mardi matin, le long de la Somme, sur un chemin de halage quasi désert. Un ragondin qui rejoint la berge. Un héron qui s'envole à mon passage. Puis des bruits de perceuse… Je lève le nez vers l'autre rive : c'est un gros chantier de construction, des immeubles destinés à des « appartements de standing », je crois, des parpaings gris couverts de fausses briques rouges, et j'aperçois les gars, avec leurs casques, à tous les étages des échafaudages, autour de la bétonnière, posant les fenêtres. Y a pas « confinement » ? je m'interroge. On ferme les écoles, les collèges, les bars, les commerces, mais dans le bâtiment tout continue comme avant ?

Le doute m'a saisi, je n'avais pas compris.

De retour chez moi, après la douche, par téléphone, j'ai fait la tournée des popotes.

Chez Valeo, Freddy, le délégué CGT : « Justement, je ne peux pas te parler longtemps, tous les salariés viennent de débrayer. Ils veulent rencontrer la direction, mais pour l'instant elle sort pas. Chez nous, y a déjà huit cas de Covid-19, et un neuvième suspecté… On est le premier foyer infectieux sur Amiens.

– Un "cluster".

– Voilà, c'est ça. D'ailleurs, on a reçu l'ordre en anglais du PDG, on "must be present at work". Avec, bien sûr, des mesures d'hygiène, de la distance, etc., mais comment tu fais, quand tu bosses sur la même chaîne, autour des mêmes machines ? C'est pour ça que les collègues sont sortis : "Vous mettez notre santé en danger." Tout ça pour fabriquer des embrayages, comme si ça pressait… Alors que les petites boîtes autour, je vois, elles ont fermé pour la plupart. »

Chez Amazon, à Boves, à côté d'Amiens : « Là, sur Facebook, je viens de voir : cinq malades, décompte Jérémy. Le matériel de travail, les scanners, les Caces, les PC, rien n'est nettoyé. Mais la direction m'a répondu que les toilettes sont désinfectées ! Comme si je passais plus de temps aux WC qu'à mon poste ! C'est la panique chez les salariés. Des dizaines ont demandé des droits de retrait, mais les chefs ont répondu non. Parce que pour eux, cette crise, c'est le moment idéal : les gens sont enfermés chez eux, ils commandent sur Internet… Pas question qu'on s'absente. »

Chez Coriolis, un centre d'appels : « Y a de la colère, chez nous, parce qu'on a déjà des cas. La direction nous avait fait miroiter le télétravail, mais pour les factures EDF c'est pas permis. Trois cents téléconseillers doivent revenir, sans masque ni rien, bien sûr. À la place, ils nous offrent le sandwich et le café… »

Chez Dunlop, enfin : « Y a un cas de Covid-19 avéré depuis au moins dimanche, me raconte un ouvrier, anonyme. Et l'activité se poursuit normalement. Je ne comprends pas : on doit se confiner chez nous, mais ici on forme des équipes de 140 personnes, et ça n'est pas un souci. L'important, nous a dit la direction, c'est de "liquider les stocks". On a même gonflé la production ! On nous a donné des lingettes pour nettoyer les machines ! Des lingettes ! Comme pour le cul des bébés ! »

J'ai appelé le directeur de l'usine, qui m'a fait remarquer : « Je respecte les lois, je respecte les décrets. Dans son allocution d'hier, le président n'a rien dit sur le travail, il ne nous a pas demandé d'arrêter. »

Ça me surprenait, quand même.

Fidèle à mon poste, j'avais écouté le chef de l'État, martial : « Nous sommes en guerre », « un combat

TERRASSEMENT DE PISCINE

Julien, conducteur d'engin, Hautes-Alpes

« Je suis conducteur d'engin dans une carrière au sein d'une entreprise qui fait partie du groupe Eurovia. Depuis la mise en œuvre du confinement national, je suis resté à la maison en arrêt de travail pour garder ma fille de 4 ans, qui n'a plus école.

Le site où je travaille a fermé ses portes le 18 mars au soir pour les réouvrir le 25 au matin. Pour quelles raisons ont-ils pris cette décision ? Les négoces de matériaux ont réouvert, les terrassiers, maçons, transporteurs ont dû faire pression pour être servis. Mais ne sommes-nous pas en période de guerre, selon notre président ? Est-il vital de réaliser un terrassement de piscine ? »

contre l'épidémie », « de jour comme de nuit, rien ne doit nous en divertir ». Il avait réclamé « notre force d'âme », rien de moins, notre « abnégation patriote » : il fallait « renoncer à ses proches », plus question de « réunions familiales ou amicales », plus question de « regroupements extérieurs ». Et pour ça, il nous l'ordonnait : « Je vous demande de rester chez vous. » Mais « pneumatiques » et « embrayages » figuraient-ils parmi les exceptions ? Indispensables à une économie « de guerre » ?

Je me suis rendu sur le site Internet de l'Élysée pour relire sa déclaration. Sur la page d'accueil trône un énorme, mais vraiment énorme, avertissement, sur fond rouge, avec la typo de « Je suis Charlie », avec des lettres en corps 136 : « SAUVEZ DES VIES. RESTEZ CHEZ VOUS ! » Dessous, j'ai retrouvé le texte d'hier, dont ce paragraphe : « Partout sur le territoire français, seuls doivent demeurer les trajets nécessaires, nécessaires pour aller faire ses courses avec de la discipline et en mettant les distances d'au moins un mètre, en ne serrant pas la main, en ne s'embrassant pas, les trajets nécessaires pour se soigner, évidemment, les trajets nécessaires pour aller travailler si le travail à distance n'est pas possible… »

Ça n'était pas net : alors, il faut rester chez soi ou pas ? « Pneumatiques » et « embrayages » figuraient-ils parmi ces « trajets nécessaires » ? Pourquoi passer si vite, à peine une ligne, même pas une phrase complète, cinq secondes, pour des millions de salariés ? Pourquoi pareille discrétion ? Pourquoi tant d'imprécision ?

Dans son discours initial, déjà, jeudi dernier, le président n'avait qu'effleuré cette question : « Quand cela est possible, je demande aux entreprises de permettre à leurs employés de travailler à distance. Nous avons beaucoup développé le télétravail », laissant les autres, les millions d'autres, dans l'immense zone grise, implicite, du « quand ce n'est pas possible ».

Le Premier ministre ne se montrait guère plus clair. Le samedi, fermant illico restaurants et bistros, il avait exigé d'« impérativement limiter les déplacements, les réunions, les contacts». Mais côté travail? C'était le silence, juste une allusion: lui avait seulement évoqué «les personnels essentiels à la continuité de la vie de la Nation». Qui donc était «essentiel»? Les «pneumatiques» et les «embrayages»?

Reprenant du service télévisuel, le mardi, sur France 2, Édouard Philippe nous l'ordonnait, et sur tous les tons: «Nous demandons aux Français de rester chez eux», il nous le demandait «instamment», il nous le demandait «fermement», il nous le demandait «pour nous», «pour les autres», «pour les soignants». Avant d'enchaîner: «Il y a des cas dans lesquels ils peuvent sortir de chez eux: lorsqu'ils vont directement à leur travail...» Lui aussi le glissait, mais comme en loucedé, se faufilant, slalomant, comme s'il s'agissait d'un petit «cas» particulier.

Pourquoi pareille discrétion?

Pourquoi tant d'imprécision?

Par honte.

C'est que, à demi-mot, ils énoncent une absurdité, et ils le savent. Une obscénité, même. Donc, ils survolent, pressés de quitter ce terrain incertain, d'en revenir à leur refrain plus noble sur «le dévouement des médecins, infirmiers, ambulanciers, agents des Samu et de nos hôpitaux», les seuls travailleurs évoqués.

Eux demeurent dans le non-dit.

Dans l'interdit, au sens littéral: l'impossible à dire.

Cette confusion me déboussolait, et je n'étais pas le seul : « Dans les petites entreprises, les chefs d'entreprise sont paumés ! note Béatrice Lestic, de la CFDT. Ils n'ont pas compris toutes les consignes, ne savent pas s'ils doivent faire venir leurs salariés ou non. C'est le grand flou. »

Le Medef se disait « très préoccupé » : « Il y a, dans tous les secteurs d'activité, un changement d'attitude extrêmement brutal des salariés. »

Des pans du patronat, même, faisaient front avec leurs employés, se soudaient : « Nous, professionnels du bâtiment, m'écrivait la Capeb de la Somme, nous avons à cœur de protéger nos salariés et nos clients. Et nous savons que, sauf exception, il n'est pas possible de garantir une bonne application de ces règles sanitaires sur l'ensemble des chantiers, et notamment les règles de distanciation. »

Un ingénieur du BTP les approuvait : « Quand on connaît les conditions de vie des ouvriers sur site (faible confort et hygiène dans les base-vie, travail en équipe…) et hors site (grands déplacements et partage de chambres à plusieurs pour gagner quelques sous sur leur panier), les risques de propagation du virus sont évidemment élevés. »

Ça flottait.

Le gouvernement s'est donc chargé de resserrer les boulons.

SANS WC

Erwan, camionneur, Haute-Garonne

« Je suis routier pour la grande plateforme Socamil à Toulouse. Chaque nuit je pars la boule au ventre pour ravitailler les grandes surfaces. Nos conditions de travail sont devenues très difficiles. Notre société ne nous autorise pas à utiliser les WC, la machine à café…

L'interrogation et l'étonnement que j'ai, c'est concernant la loi d'urgence sur les heures/semaine pour nous chauffeurs. Nous pouvions déjà rouler jusqu'à 10 h d'amplitude par 24 h, ce qui est énorme. Là, avec cette nouvelle loi, le danger sur les routes sera grandissant avec un 40 tonnes dans les mains. Et tout ça sans la prime des 1000 euros, car la RH nous a dit que nous n'étions pas concernés ! ? Comment puis-je savoir si mon entreprise touchera les aides de l'État et si celle-ci les distribue bien à ses employés ? Qui se gave ? »

Le ministre de l'Économie, Bruno Le Maire, se faisait poli : « J'invite » – il invitait, sympa, comme à une fête – « j'invite tous les salariés des entreprises encore ouvertes et des activités indispensables au bon fonctionnement du pays – nettoyage, traitement des eaux, industrie agroalimentaire, grande distribution – à se rendre sur leur lieu de travail. La sécurité sanitaire passe par le maximum de Français chez eux. Mais il y a aussi la sécurité économique. Il faut que les marchandises alimentaires puissent circuler, qu'il y ait de l'électricité, de l'eau potable. Il y a continuité de la vie économique du pays. » La rhétorique se met en place : qui niera, évidemment, qu'il faille maintenir l'électricité, l'eau potable, le nettoyage, les marchandises alimentaires ? Les ministres se plaisent à lister ces secteurs clés, que l'on ne risque pas de contester. Mais derrière ? Les « pneumatiques » et les « embrayages » ?

Muriel Pénicaud, ministre du Travail, sortait de ses gonds : « J'en appelle au civisme des entreprises. Je suis scandalisée de voir qu'hier la fédération du Capeb a écrit à tous les artisans d'Auvergne-Rhône-Alpes en disant : “Arrêtez tous les chantiers.” Quand un syndicat patronal dit aux entreprises : “Arrêtez d'aller bosser, arrêtez de faire vos chantiers”, ça, c'est du défaitisme. » Quelle défaite ? Quel « combat » menait-elle ? Contre le virus ? Dans la foulée, elle lançait ses agents, contrôleurs, inspecteurs, non pas pour s'assurer que les salariés étaient bien protégés, que la sécurité sanitaire était garantie, que les postes étaient désinfectés, que les gels hydroalcooliques étaient à disposition, que les masques étaient bien portés, mais pour « repérer », « signaler », « challenger » les entreprises qui fermeraient le temps du confinement, le temps de recevoir les gels et les masques…

Le président lui-même, après ses tergiversations, ses hésitations du début, se mettait au charbon : « Le pays doit tourner. La France a besoin d'une industrie qui tourne. »

Enfin, la doctrine se clarifiait, limpide.

Restait à la répandre, à la partager.

Dans sa circulaire adressée aux préfets, Christophe Castaner l'énonçait désormais franchement : « Il est impératif que la vie économique de la Nation soit la moins impactée possible par la gestion de cette crise sanitaire… Les établissements industriels, entrepôts, marchés de gros sont autorisés à fonctionner. » Concluant sa missive, il se montrait optimiste : « Je rappelle qu'en Italie les mesures de restriction similaires qui démontrent leur efficacité quant à l'endiguement de la pandémie ont néanmoins permis à l'économie de fonctionner presque à la hauteur de ses capacités habituelles. »

Telle était donc la voie à suivre, d'après le ministre de l'Intérieur : cette Italie où les morgues débordent, où les crématoriums tournent en permanence, où les bancs sont ôtés dans les chapelles pour faire de la place aux cercueils, où l'armée est mobilisée pour évacuer les cadavres ! Voilà notre modèle, l'exemple vanté par le sommet de l'État auprès de tous les préfets du pays. Et pourquoi ? Parce que « l'économie fonctionne presque à la hauteur des capacités habituelles ».

Éprouvent-ils de la honte ?

Ils nous jouent du violon, leurs voix chevrotent sur « sauver des vies, des vies », sur « l'urgence de freiner l'épidémie », sur « la priorité absolue pour notre Nation sera notre santé», et en même temps, en même temps, «l'impératif économique» se poursuit?

Ils interdisent à mes enfants, à Joseph, à Ambre, 8 et 11 ans, de voir leurs copains-copines Salomé, Bachir, Jules, Nada, Maëlys, pour un foot au parc, d'ailleurs ils interdisent l'accès au parc, interdit de gambader dans l'herbe, interdit de se cacher derrière un arbre, interdit d'attraper les grenouilles dans la mare, ils les privent de printemps, et en même temps, en même temps, ils autorisent, pardon, ils obligent, ils contraignent, les salariés à se retrouver par centaines, des journées entières, la nuit aussi, le week-end compris, pour fabriquer des «pneumatiques» et des «embrayages». Et ailleurs des rétroviseurs, des serrures, des câbles téléphoniques. Sur des sites où, au passage, des cas de corona sont d'ores et déjà avérés.

Ils interdisent aux filles et aux fils de rendre visite à leurs parents dans les Ehpad, ils interdisent aux pères de rendre visite à leurs enfants à peine nés dans les maternités. «Je suis trop triste, on passe nos premiers jours séparément, écrit Lise, jeune maman, je n'en ai pas dormi de la nuit, moral à zéro. Toute seule à la maternité avec bébé, et Greg seul à la maison. C'est tellement pourri.» Mais l'essentiel est sauf: «Bonsoir. Je fabrique des voiles pour bateaux dans le Morbihan. Mardi dernier, le patron nous a dit de rentrer chez nous, que nous allions nous mettre en chômage partiel. Puis il m'a rappelé : le préfet a écrit une lettre aux Morbihanais et Morbihanaises leur disant qu'il fallait reprendre un minimum d'activité afin de pallier le deuxième fléau : la pire récession du siècle. Donc, je fabrique des voiles de bateau, pour des bateaux qui sont cloués dans les ports, qui ne peuvent pas sortir, puisqu'il y a confinement. Est-ce qu'on est vraiment indispensables à la vie du pays ? »

Des bandeaux défilent sur les écrans, « Sauvez des vies. Restez chez vous », ils nous le serinent à longueur de discours, sont prêts à recourir au couvre-feu et à l'armée, mais pour les voiles de bateau : dehors et au boulot !

« Ici, c'est : "l'encadrement à la maison, les petits soldats au front". » Jean-Luc sort de chez Roquette, près d'Amiens, qui fabrique de l'amidon. Il vient de prendre sa température : 39,4 °C. La même fièvre que le routier qui venait livrer un chargement de féculents. « Ils lui ont dit de rentrer chez lui. Mais tu crois qu'ils ont désinfecté sa cabine ? Au suivant ! On en a déjà un en réanimation… »

Avec cette injustice, ce mépris de classe que souligne dans sa « Lettre ouverte » sur Internet cet ouvrier du bâtiment, et que ressentent, il me semble, tous les ouvriers : « Je suis sceptique, Madame Pénicaud, sur le fait que vos proches se retrouvent à trois dans un utilitaire pour aller poser des fenêtres lundi matin. J'imagine que tous vos proches ont le luxe de faire du télétravail, sans doute en tant que cadres supérieurs, sans doute loin de nous dans des endroits agréables et spacieux, loin du terrain et de la promiscuité forcée qui est notre lot. »

Le patron des patrons du bâtiment, Jacques Chanut, ne se montre guère plus avenant : « Madame Pénicaud est sûrement confinée depuis trop longtemps dans son ministère, il faut qu'elle vienne au contact des entreprises, même en restant à un mètre. De qui on se moque ? Qui est à l'origine de cette solution "Restez chez vous" ? Est-ce qu'on ne peut pas décaler de quinze jours, puisque le gouvernement a été incapable de prévoir suffisamment de gants et de masques pour l'ensemble des professionnels ? Est-ce qu'on est à quinze jours près pour trouver des solutions avec les syndicats, avec les médecins du travail, pour faire travailler nos ouvriers en sécurité ? »

En revanche, mon copain Xavier n'ira pas à la cueillette des champignons. Privé de cèpes et de bolets. Les forêts de l'Oise et d'ailleurs sont prohibées. Dans son hameau des Alpes, Gilles ne se permet pas une escapade en montagne : les gendarmes scrutent les massifs vides depuis le ciel. Près de Lons-le-Saunier, Philippe sort l'apéro dans son jardin, et un drone braillard le rappelle à l'ordre : « Alerte coronavirus ! Restez chez vous ! » Les plages sont proscrites, plus de promenade dans les plaines, plus de pêche le long des rivières... Pourquoi ? Pourquoi, alors que ces

« LA LONGUEUR DES OURLETS... »

Anonyme, Paris

« Employée du groupe LVMH, je viens de recevoir par mail la demande de prise de congés durant le confinement ainsi que la confirmation de mise au chômage partiel de nos équipes.

Je tiens donc à remercier tous les contribuables de France qui paieront les salaires des employés de M. Arnault pour les semaines à venir. Merci aussi pour le financement indirect du *charity business plan* du groupe puisque, d'une certaine façon, vous financez l'achat des masques et gels hydroalcooliques Dior généreusement offerts par notre bon maître. Et puis, enfin, merci de permettre à Bernard d'opérer le rachat de 93 millions de titres de son groupe en allégeant ses charges fixes. Voilà voilà, on précise quand même que, consciente de l'indécence de profiter des aides d'État en ce moment, la maison Chanel a, elle, renoncé au chômage partiel... Les limites de l'indécence, c'est comme la longueur des ourlets, c'est une question de goût personnel. »

activités de plein air, possiblement solitaires, s'accommodent sans difficulté du périmètre de sécurité ? On est au-delà du sanitaire, ici, dans ce « tout interdit » : il nous faut faire pénitence. La nation en contrition, « pardonne-nous comme nous pardonnons à ceux qui nous ont offensés... ». Avec mon mauvais esprit, je devine ce plaisir du pouvoir un brin sadique, démonstration de sa puissance : il peut tout contrôler, arrêter la vie.

Même végétale, la vie.

Alors que je courais à nouveau, ce matin, très tôt, j'aperçois une silhouette sur le chemin de halage, une lampe torche sur le front. Un monsieur qui revenait des hortillonnages, avec ses radis et ses céleris en contrebande. Il se sentait pris en flagrant délit. Il semait la nuit, dans la clandestinité…

« Après, on va rater la saison, il s'excusait.

– Je vous rassure, je ne compte pas vous dénoncer aux autorités.

– Mon voisin de 87 ans, d'habitude, il passe ses journées dans son jardin, hiver comme été. Là, il est confiné, privé de sortie. Ils vont le tuer, le papy. Rien ne va pousser dans son carré, il est catastrophé. C'est déjà la mort pour lui… »

Sous les dehors de la Raison et de la Science, nous vivons un temps de folie.

Mais ils vont toujours plus loin.

Sur France 2, le Premier ministre est interrogé : « Cette téléspectatrice nous demande : "Un ami est décédé il y a 48 h. Avons-nous le droit de nous rendre à son enterrement ?" »

Édouard Philippe : « Ce que je vais dire est terrible à entendre, mais je me dois d'être à la hauteur des fonctions que j'occupe, et je vais répondre non. Nous ne devons pas. Nous devons limiter au maximum les déplacements, et même dans ces circonstances nous ne devons pas déroger à la règle qui a été fixée. Je le dis avec une... une... grande tristesse, mais aussi avec une très grande détermination. »

Pour son dernier hommage, donc, Mickaël enterre sa mère en un quart d'heure, église fermée, en tout petit comité, dans un froid funérarium. Son fils de six ans sanglote sur le banc, à un mètre de lui, son fils qu'il ne peut pas consoler, qu'il ne peut pas serrer dans ses bras, protocole oblige. Pour eux, la « règle » prévaut, sans « dérogation ». Avec « tristesse », mais de toute sa « détermination », de toute son autorité, le chef du gouvernement interrompt ce rite funéraire millénaire. Il interrompt toute vie sociale. En revanche, il n'interrompt pas les chantiers du bâtiment. Il n'interrompt pas les livraisons de chaussettes, de chaises longues, sur les plateformes de e-commerce. Il n'interrompt pas les affaires, et, après une semaine de panique boursière, le CAC 40 a, depuis lundi, regagné sept cents points, près de 20 %.

Ce n'est pas seulement de l'incohérence: c'est de l'indécence.

Leur cynisme s'est juste habillé de compassion.

*

On était prévenus, pourtant, mille fois avertis.

Début février, à l'Assemblée, juste avant cette crise, les députés marcheurs se montraient droits dans leurs bottes : non, ils n'allongeraient pas de cinq à douze jours le « congé de deuil pour le décès d'un enfant mineur ». Non, ils ne répondraient pas à l'appel d'« humanité » lancé par le rapporteur (de centre-droit) Guy Bricout. Un député Les Républicains, Pierre Cordier, disait sa « honte ». Et je les interpellais : « On parle de la tragédie des tragédies : perdre son enfant, la nature qui s'inverse. Alors, franchement, mes chers collègues, madame la Ministre, je pensais que, sur un thème aussi tragique, il n'y aurait pas de groupe La France insoumise, Modem ou La République en marche. Je pensais que, sur ce sujet, nous marcherions tous main dans la main. » Mais les macronistes étaient en pilote automatique, lisant leurs papiers, déclarant crânement : « Quand on s'achète de la générosité à bon prix sur le dos des entreprises, c'est quand même un peu facile », tellement habitués à ne plus voir que ça, l'existence sous forme de lignes comptables. Au banc des ministres, Muriel Pénicaud s'entêtait, « ce n'est pas à l'entreprise de payer », elle récitait son catéchisme, « ça va pénaliser l'entreprise », ânonnait péniblement sur « la vie de l'entreprise », alors qu'on lui parlait de la vie tout court. La proposition fut donc rejetée, tout juste : par 40 voix contre 38. Ce vote souleva, aussitôt, un scandale dans les cœurs.

C'est leur dogme, jamais énoncé, bien sûr, mais toujours appliqué, d'habitude souterrain,

NOTRE INHUMANITÉ NAISSANTE

Mathieu, Paris (à propos de son amie Julie)

« Je voulais partager avec vous ma rage, et ce texte que j'ai écrit d'un trait :

Après avoir contracté les premiers symptômes du Covid-19, Danielle a été hospitalisée, et à partir de ce moment, dans une violence inouïe et habillée de droit, son corps ne lui appartenait plus.

Julie a pris la voiture pour aller voir sa mère, être auprès d'elle dans ce moment décisif. Mais le médecin lui a dit qu'elle ne pourrait pas la voir, qu'elle pourrait seulement voir son corps avant qu'elle ne soit mise sans aucune toilette ni soin dans un sac mortuaire. Elle a donc attendu dans la chambre anonyme d'un hôtel de bord de route. Elle a regardé la télé, confinée dans son deuil impossible à faire. Elle est descendue commander un repas, un verre de vin. Elle a attendu pendant que sa mère attendait elle aussi sur son lit d'hôpital. Et puis elle a reçu un coup de fil. Elle était morte. Elle pouvait venir voir le corps. Ça lui a été présenté comme une fleur, un privilège. Elle est donc allée voir sa mère, le corps de sa mère encore tiède. Elle a dû mettre des gants, un masque. Elle a pu lui dire au revoir, commencer à réaliser ce que notre monde voulait lui voler : aimer sa mère. [...]

Ça n'a rien à voir avec le coronavirus. Ça vient de nous, de notre inhumanité naissante. »

sous-jacent, qui soudain apparaissait, flagrant : « l'économie avant la vie ».

Dans leur « grand projet », par exemple, la loi « retraites », où parlent-ils de la vie, de cette « nouvelle étape de la vie » que peignait, qu'espérait Ambroise Croizat ? Nulle part. De l'économie, oui : 125 occurrences de « finance », 63 de « financier », les euros partout, leur obsession. Mais le « bonheur », jamais. Le « repos », zéro. L'« art d'être grand-parent », nulle part. Quel but, quel but vise-t-on ? Quelle vie veut-on, alors que le crépuscule se rapproche ? Va-t-on s'épanouir encore dans l'emploi, avec appétit, avec envie ? Ou souhaite-t-on essayer d'autres voies ? Doit-on s'user à la tâche, compter les jours, les mois, les années, comme un prisonnier, jusqu'à une quille qui s'éloigne, 63 ans, 65 ans ou 67 ans ? Ou câliner ses petits-enfants, les conduire au handball et à la guitare, leur faire planter des choux et des clous, leur apporter du temps, le temps qui souvent manque aux parents, surchargés, overbookés, courant courant ?

Tous les pans de la vie sont ainsi traités, maltraités, passés aux oubliettes, à la moulinette d'une calculette.

*

Ce lundi soir, à la télé, le président a annoncé un déconfinement pour le « 11 mai », et il faut l'avouer : ça nous a soulagés. Ouf ! On voit le début du bout.

Une question demeure pour moi en suspens : quand mes enfants vont-ils revoir leurs grands-parents ? Je les prive les uns des autres, mutuellement. Et c'est une douleur, pour ma mère, que de ne pas pouvoir les presser contre elle, avec le plein de bisous. Qu'en sera-t-il après le 11 mai ?

De ces liens familiaux si brutalement tranchés le mois dernier, qu'a dit Emmanuel Macron dans son allocution ? Quand pourrions-nous les renouer ? Rien, il n'en a rien dit. Pas un mot. Il ne les a pas évoqués. Ça n'existe pas, semble-t-il. Ni les liens amicaux. Alors que j'aurais commencé par là, moi, par en bas, par desserrer cet étau autour des liens naturels, élémentaires, de proximité, avec les cousins, les copains, les voisins.

Ça passera par l'école, plutôt, il a décidé. Par la Grande Institution, donc, avec les cantines à débloquer, les transports dans la foulée. Pourquoi ? Parce que « trop d'enfants, dans les quartiers populaires et dans nos campagnes, sont privés d'école sans accès au numérique », a-t-il compati. Soit. Et deux lignes plus tard : « Le 11 mai, il s'agira aussi de permettre au plus grand nombre de retourner travailler, redémarrer notre industrie, nos commerces et nos services. » Le lendemain, on n'entendait guère les associations de parents d'élèves, ou les syndicats enseignants, applaudir cette « lutte contre le décrochage ». En revanche, un communiqué du Medef se déclarait « satisfait que le président ait fixé un cap pour remettre le pays en marche. Nous partageons l'appel du président à continuer à vivre et à produire. » Le président de l'UIMM annonçait que « la métallurgie est prête pour un redémarrage ». Et un vice-président de l'organisation patronale se félicitait : « Le fait que les écoles puissent rouvrir est une bonne chose pour les parents qui ont un travail, qui n'auront pas de problème de garde. » Enfin, le « Monsieur déconfinement » du gouvernement, Jean Castex, confirmait : « Nous nous sommes dit que lorsqu'il est question de redémarrage économique, un lycéen peut "se garder". Un petit écolier ne le peut pas. »

Dans ce début d'après, l'économie passe toujours avant la vie.

Avant la vie sociale, notamment.

Avant la vie familiale, même, pas mentionnée, presque délégitimée.

À la radio, Geneviève appelle « Le téléphone sonne », et ce pourrait être ma mère.

GENEVIÈVE : Nous sommes grands-parents, nous habitons le Var à la campagne. Nous avons respecté un confinement extrêmement strict, et nous avons des enfants à Lille qui ont aussi confiné très sérieusement, avec des petits enfants, un chien, dans un espace réduit. J'aurais vraiment trouvé logique que, en sortie de confinement, après deux mois éloignés, il y ait une autorisation de regroupement familial, que mes enfants et mes petits-enfants puissent venir chez nous, profiter d'être dehors, d'être à la campagne, de nous voir et de vivre ici peut-être deux mois. Je ne vois pas où est le danger, et ça me paraît quelque chose vraiment de très important.

L'ANIMATRICE : Est-ce que vous changeriez certains gestes du quotidien, de tendresse ?

GENEVIÈVE : Justement, je m'imagine n'avoir aucune barrière. Je m'imagine pouvoir les serrer dans mes bras, pouvoir leur faire des câlins. Personne n'a pris de risque, ils sortent très peu, et avec des masques. Donc tant pis, je n'ai pas envie de vivre sous cloche.

L'ANIMATRICE : Merci beaucoup, Geneviève, pour ce témoignage et cette entrée en matière. Baptiste Beaulieu, vous êtes médecin…

LE MÉDECIN : L'important, c'est de toujours revenir à ce que nous dit la science, et la science nous dit que chaque main qu'on ne serre pas, chaque bise qu'on ne fait pas, c'est une branche de la dissémination virale que l'on coupe.

L'ANIMATRICE : Michel Fize, vous êtes sociologue. Comment réinventer le geste de tendresse qu'on n'a pas le droit de faire si les corps doivent rester à distance ?

LE SOCIOLOGUE : Alors, sur la revendication de Geneviève, on peut la comprendre, mais moi je dis très clairement elle est irrecevable. Il faut garder ce cap, cette contrainte, et il faut donc interagir autrement. Par les réseaux sociaux, tout le dispositif Internet, les visioconférences, le téléphone. Nous sommes dans une situation exceptionnelle, il faut des réponses exceptionnelles. Nous sommes les uns les autres en danger de mort.

L'ANIMATRICE : Serge au standard.

SERGE : Bonsoir. Moi, je ne suis pas du tout d'accord avec votre première intervenante, et je trouve que votre invité a bien rectifié les choses…

Quand, à l'antenne, une Mamie Geneviève se fait rabrouer, presque dénoncer, par un médecin, un sociologue, un auditeur, tous ligués contre la déviante parce qu'elle veut faire un « câlin » à ses petits, oui, ces temps m'inquiètent. M'effraient, plus encore que le virus.

Où est passée notre humanité ? Dans les « pneumatiques » et les « embrayages » ?

*

C'est la rupture,
la rupture majeure,
la Rupture à majuscule,
que nous réclamons,
que nous attendons,
qu'il nous faut opérer :

NOURRITURE AFFECTIVE

Cédric, éducateur spécialisé, Hérault

« Je vis une période de confinement particulière. J'ai été assez obéissant pendant le premier mois, avec la peur de la maladie. Aujourd'hui, je commence à saturer d'être enfermé, et des réflexions s'ouvrent en famille lors des appels téléphoniques.

Lors de ma formation de moniteur-éducateur, on nous avait montré un reportage sur les orphelinats en Roumanie sous Ceauşescu et la façon dont ils traitaient les enfants. Ils les nourrissaient, les changeaient, mais ils n'avaient pas le droit au regard, à l'attention, à l'affection de l'autre, de l'être humain. Beaucoup sont morts, car la nourriture affective, les relations sociales sont aussi importantes que les aliments. Les autres enfants ont développé des maladies psychologiques. Je fais un lien avec ce que nous vivons aujourd'hui. On nous prive des relations avec l'autre, qui constituent un élément indispensable à notre équilibre et à notre survie, soi-disant pour nous éviter la mort. Mais c'est la mort à petit feu qu'ils nous proposent en échange ! »

LA VIE AVANT L'ÉCONOMIE

C'est une rupture de bon sens.

C'est une rupture d'évidence : l'économie au service de la vie.

Ces quelques mots vont de soi, dirait-on, ils énoncent une banalité. En vérité, c'est toute la société que nous avons à inverser, un grand renversement, le cul par-dessus tête, ou au contraire le monde remis à l'endroit, les pieds enfin sur terre. Ce sont des milliers de mécanismes, des milliers d'habitudes, des milliers de « logiques » absurdes qu'il nous faut défaire. C'est toute une histoire que nous devons remonter, toute une lignée, dont Macron n'est pas le premier, dont nous devons faire en sorte qu'il soit le dernier. C'est toute une tradition qu'il nous faut démonter, et je songe ici aux trois sphères de René Passet.

Qu'est-ce que l'économique ? explique-t-il (je synthétise). C'est un ensemble d'activités, de production, de répartition, d'échange, de consommation, certes importantes, mais qui n'englobent pas toutes les préoccupations humaines. Au-delà s'étendent les vastes domaines de la gratuité, de l'affectivité, de l'esthétique, des convictions morales, philosophiques, religieuses. Ces valeurs, en un mot, par lesquelles les hommes donnent sens à leur vie. Et l'humain, poursuit-il, est à son tour immergé dans le vivant : l'homme, créature non point comme les autres mais parmi les autres, se développant en interdépendance avec elles et le milieu qui les porte. Ainsi se dessinent trois sphères : la biosphère, qui comprend la sociosphère et la sphère économique. Sauf que, depuis le XIXe siècle, en gros, c'est la sphère économique qui a tout dominé, tout englobé, tout écrasé, tout guidé. Sans s'embarrasser de longues réflexions sur ses finalités : le « plus » se confondait avec le « mieux », plus de blé suscitait à coup sûr plus de bien-être. Il suffisait de travailler plus, pour produire plus, pour consommer plus, et le bonheur était en vue.

Aujourd'hui, cette vue est usée : plus de télé ne suscite pas à coup sûr plus de bien-être. Certes, l'exploitation des hommes, des femmes, des enfants se poursuit tranquillement depuis Marx, tempérée sous nos climats, toujours avide ailleurs. Mais s'y ajoutent les dégâts sur la nature, qui menacent désormais l'ensemble du vivant. L'économie doit retrouver sa place, une bioéconomie non plus englobante, mais englobée.

Et si, dans cette filiation, je place ces mots simples ici,

LA VIE AVANT L'ÉCONOMIE

c'est que toutes les ruptures ensuite, toutes les ruptures des prochains chapitres, toutes les ruptures sur la « démocratie », la « santé », la « souveraineté », etc., toutes les ruptures que nous devons imaginer, toutes les ruptures ne sont que des déclinaisons de cette rupture première :

LA VIE AVANT L'ÉCONOMIE

C'est une note du Centre patronal suisse intitulée « Vers une stratégie de sortie de crise » : « Il faut éviter que certaines personnes soient tentées de s'habituer à la situation actuelle, voire de se laisser séduire par ses apparences insidieuses : beaucoup moins de circulation sur les routes, un ciel déserté par le trafic aérien, moins de bruit et d'agitation, le retour à une vie simple et à un commerce local, la fin de la société de consommation... » Et le Medef helvète conclut : « On a le droit de tirer quelques leçons de la crise actuelle. Mais il est néanmoins indispensable que l'activité économique reprenne rapidement et pleinement ses droits. » Dans ce « pleinement », on devine du « totalement », le retour à la norme du règne sans partage d'un totalitarisme tranquille, à la vie asservie.

Qui a, qui doit avoir des « droits », « rapidement et pleinement » ? La vie ? La vie de la planète ? La vie sociale ? Ou « l'activité économique » ? Pour moi, « l'activité économique » n'a aucun droit en soi, aucun. Elle est un moyen, non négligeable, appréciable, mais un moyen, au service de la société, d'une finalité humaine.

Et telle pourrait être notre priorité : établir nos besoins. Quels sont les chemins pour notre mieux-être commun ? Vers où canaliser les capitaux et la main-d'œuvre ? Sur quoi reconstruire, non pas comme avant, mais autrement ? Et non plus de l'emploi pour de l'emploi, dépourvu de sens, de la croissance pour la croissance ? Dès maintenant,

DE L'EMPLOI, IL Y EN A…

Philippe, retraité, Savoie

« Les travaux de Philippe Quirion (Insee) analysent le nombre d'emplois que crée chaque branche Insee d'activité par million d'euros de chiffre d'affaires : l'automobile, dont on nous rebat les oreilles, facteur important de pollution et de CO_2 et dont le marché est saturé, ne crée que moins de 1,70 emploi/M€. Alors que le bâtiment en crée 10 et la rénovation thermique des bâtiments en crée 13 ! »

concrètement, j'aperçois trois clés, trois leviers : l'agriculture, à relocaliser, à dé-chimiser, et qui réclamera des centaines de milliers de paysans. Le bâtiment, pour en finir avec les sept millions de passoires thermiques, de quoi diminuer la facture énergétique, apporter de la chaleur aux plus fragiles, sans en passer par des autoentrepreneurs roumains, sous-traitants de sous-traitants de sous-traitants. Enfin, les « métiers du lien », du « soin », du « care », qu'on appelle ça comme on voudra, certains qui existent : auxiliaires de vie sociale, animateurs périscolaires, enseignants, aides-soignants, d'autres à inventer : graphistes de rue, photographes de cité, jardiniers de quartier…

LA VIE AVANT L'ÉCONOMIE

Sinon, on s'enfonce dans une impasse.

« Pour que l'Union européenne continue de faire la course en tête, ambitionne Thierry Breton, à peine nommé commissaire européen, j'ai lancé sans attendre une initiative afin d'accompagner et d'accélérer nos efforts de recherche en Europe sur la 6G. » Quand comme cap pour notre continent, avec notre histoire, avec nos sentiments, les technocrates de Bruxelles n'ont que la 6G à offrir, c'est le symptôme d'un vide, d'un vide politique, d'un vide d'espérance, avec son lot de vestes connectées pour cheval (qui contrôlent les pulsations cardiaques), de baskets Nike connectées (autolaçantes), de fourchettes connectées (qui envoient une vibration si on mange trop vite), de montres connectées (qui décomptent notre temps de vie), de décapsuleurs connectés (qui, lorsqu'on ouvre une bière, envoient une notification à nos amis). Nous mènerons la « course en tête » vers les gadgets, vers la connerie.

C'est une impasse écologique, mais même une impasse existentielle, un cul-de-sac pour notre civilisation. Quel sens, quelle espérance peut-elle encore offrir ? L'absurdité éclate, tant c'est désormais patent : le progrès ne passe plus par la technologie, c'est fini. L'humain, les liens, le soin, aujourd'hui méprisés, doivent prendre le relais.

LA VIE AVANT L'ÉCONOMIE

ON RÉFLÉCHIT AVEC…

Pablo Servigne et Dominique Bourg : « Inverser la stratégie du choc »

Le premier à qui j'ai pensé, quand le grand stop est arrivé, c'est Pablo Servigne, « collapsologue », auteur notamment de *Comment tout peut s'effondrer* et surtout de *L'Entraide* (mon préféré, un indispensable). Alors, je l'ai appelé depuis ma cuisine. Et, dans la foulée, son complice et ami, le philosophe Dominique Bourg (qui est aussi un peu le mien, je pense, de complice et d'ami). Je rassemble les deux entretiens en un.

François Ruffin : Comment vous lisez cette crise ? Ce sont les prémices de l'effondrement, une première secousse ?

Pablo Servigne : Ce n'est pas une première secousse, c'est une secousse parmi d'autres. Depuis cinq ans, depuis la parution de *Comment tout peut s'effondrer*, nous avons traversé des sécheresses, des canicules, des mégafeux, les attentats, Trump, le Brexit, des chocs à répétition. Même si là, c'est vrai, c'est un choc global, systémique, qui révèle combien notre société est hyper-vulnérable, car globalisée, à flux tendu, sans stocks. Cela rend la situation explosive : tout grain de sable risque de faire dérailler la machine. Toute étincelle peut produire un incendie. Là, l'étincelle, c'est une pandémie.

Sur la réaction à cette secousse, on assiste à un retournement incroyable : c'était la guerre politique contre les services publics, les services sociaux, les peuples, le peuple, le vivant, et maintenant tout ça s'est comme par miracle inversé ! Tous unis contre un ennemi commun, un virus ! Il y a un climat d'exception. Je ne parlerai pas de guerre, mais d'un état d'exception, une période exceptionnelle où tout peut arriver. Une brèche s'est ouverte, et moi, ça m'a tout de suite rappelé *La Stratégie du choc* de Naomi Klein : c'est justement dans ces moments-là, de secousse, de choc, de sidération, que les politiques néolibérales, antisociales, s'implantent brutalement. Donc, si on reste passifs, on va s'en prendre plein la figure. La question, c'est : parviendra-t-on à inverser la stratégie du choc ? À ne plus subir les politiques antisociales, compétitives, de contrôle, mais à profiter de la brèche pour amener une société d'entraide, pour la construire ?

F.R. : Après la crise des subprimes, en 2008, on avait également espéré ce basculement...

P.S. : Espéré... L'espoir, c'est très passif. Espoir, *esperar*, ça veut dire attendre en espagnol. Au contraire, on a besoin de courage pour passer à l'action. Joanna Macy appelle ça l'espoir actif. Il ne faut pas attendre, il faut agir.

F.R. : Le philosophe Alain disait un truc du genre : le bonheur réclame beaucoup d'efforts...

Dominique Bourg : Tu citais la crise de 2008, qui déjà n'est pas d'origine écologique, mais économique. Je vois une autre différence, d'importance : l'état d'esprit de la population a énormément bougé. Plusieurs sondages, l'année dernière, en témoignent : dans l'esprit des gens, on a basculé. Pas encore dans nos comportements, ni dans nos votes, mais culturellement : on a compris, la croissance à l'infini, c'est fini. La plupart des gens ont compris. Au moins 55 % l'ont compris, que nous n'échapperions pas à une forme de sobriété, de sobriété matérielle, très différente selon ta position de départ, et qu'elle pouvait même être désirable. La population a compris.

F.R. : Sauf nos dirigeants...

D.B. : Les plus lestes mentalement ne tiennent pas toujours le manche... Cette secousse arrive donc à un moment où les gens sont sensibilisés aux effondrements. Depuis 2018, le constat est là : nous n'avons plus que deux saisons, l'une tiède, l'autre chaude, et parfois très chaude. D'après une étude de la Fondation Jean-Jaurès, 7 personnes sur 10 en Italie, 6,5 sur 10 en France, un peu plus de la moitié aux États-Unis, un peu moins de 4 en Allemagne, sont convaincues que l'avenir sera écolo. Et ce Covid-19 vient vraiment confirmer que nos techniques n'effacent pas la nature. Quelques brins d'ARN, et l'économie mondiale est à l'arrêt.

F. R. : Pour vous, finalement la crise du coronavirus, c'est comme une sentinelle, comme un avertissement de quelque chose de pire qui pourrait se produire derrière ?

D. B. : Même très vite. Va-t-on, à nouveau, enchaîner avec un été caniculaire ? avec des mégafeux ? avec des inondations hors normes ? Est-ce que la réponse sera de se confiner, désormais ? Le cauchemar ! On sait qu'en maintenant notre croissance on court aux catastrophes en série. Et la réponse, on la connaît, les experts du GIEC nous l'ont donnée, d'autres de l'Onu également : la seule chose à faire, ce n'est pas une transition, c'est une décélération brutale de nos consommations d'énergie, sur dix ans, avec un sérieux coup de frein à l'entrée.

Mais ça aussi, c'est amusant à observer : dans la crise du coronavirus, les scientifiques sont en première ligne. On les consulte. On suit largement leurs préconisations. On passe de façon quasi automatique, et c'en est presque inquiétant, du diagnostic scientifique à la prise de mesures. Tandis que, pour le climat, ce n'est absolument pas le cas. Au mieux, on les écoute poliment. Le plus souvent, ils crient dans le désert...

F.R. : C'est qu'affronter cette question, c'est remettre en cause, dans la durée, toute notre société, toute notre économie...

D.B. : Oui. Il faut tout changer, et ce changement ne sera acceptable, accepté, et même bien accueilli, que s'il est partagé, que s'il se fait dans le partage : il n'y a pas d'écologie, je le répète tout le temps, si on ne réduit pas les écarts de richesse. Il faut refonder le système ! Plus tu es riche, plus tu consommes et plus tu détruis. Si tu veux préserver cet état de choses, tu n'avances pas écologiquement d'un iota !

Sinon, nous exploserons les 2 °C, que nous allons atteindre en 2040, c'est-à-dire demain. Et deux degrés de plus, ça signifiera que, dans les tropiques, certains jours de l'année, on pourrait mourir en sept à huit minutes sous la pression conjointe de la chaleur et de l'humidité. Des zones entières commenceront à devenir inhabitables...

C'est autrement plus important que le coronavirus. En même temps, on peut dire que ça nous fait une mise en jambes. Ça démontre que, quand on le veut, on peut rétablir des priorités.

F.R. : Lesquelles ?

P.S. : L'entraide, déjà. Des psychologues, des sociologues l'ont cent fois documenté : dans toutes les catastrophes, les attentats, les accidents d'avion, les incendies, on assiste à des actes d'entraide extraordinaires, spontanés, de l'auto-organisation.

F.R. : Mais là, l'entraide est vachement entravée. On doit se confiner chez soi, interdiction de voir ses parents, de porter secours, on se réfugie derrière les écrans...

P.S. : C'est vrai, on sent l'envie de s'aider, une envie frustrée... Ça donne des groupes WhatsApp, on se rabat sur nos réseaux sociaux/anti-sociaux. Ce qui démontre aussi notre dépendance à Facebook, Apple, etc. Ils nous tiennent. Et ces décennies de libéralisme, de consumérisme, ça nous a déconnectés du vivant, de notre autonomie, de prendre en main notre vie. Quand les conditions se détériorent, très vite, avec inquiétude, on se découvre complètement dépendants de ce système-là. Comme des pantins rattachés à des fils, à ces grosses machines. L'objet de la transition, c'est aussi de couper ces câbles, de retrouver une autonomie, une liberté, une joie en dehors d'un système mortifère. C'est une libération forcément collective. Comme disait Dominique, s'offre à nous un exercice grandeur nature.

F.R. : Si tu devais énoncer une mesure, tu choisirais laquelle ?

P.S. : Sur l'approvisionnement alimentaire. Ne pas dépendre des marchés mondiaux, des flux internationaux, pour notre survie.

F.R. : Et toi, Dominique ?

D.B. : Il faut imposer des quotas, sur le carbone, par exemple, sur les consommations d'énergie, sur les trajets en avion, et petit à petit sur tout ce qui détruit. Les taxes, c'est injuste, les riches les paient sans souci, tandis que les plus modestes sont pénalisés, tapés au porte-monnaie. Plafonner, c'est la seule manière de réduire les consommations en réduisant aussi les disparités.

SANTÉ

« Les héros en blouse blanche »

NOUS NE SOMMES PAS DES HÉROS

Clément, ambulancier, Somme

« Nous ne sommes pas des héros, nous sommes des professionnels de santé !

Nous ne voulons pas des applaudissements aux balcons. Nous voulons des masques, des tests, des respirateurs, du matériel médical. Nous le répétions déjà dans nos manifs. Comme réponse, nous avons eu gaz, matraques, grenades, LBD, insultes...

Nous ne sommes pas des héros, nous sommes des professionnels de santé !

Nous ne voulons plus devoir faire des appels aux dons sur les réseaux sociaux pour trouver des matériels de protection (masques, blouses...) chez l'artisan peintre du coin.

Nous ne sommes pas des héros, nous sommes des professionnels de santé !.

« On n'a pas de masques, on n'a rien. Même les gants, on ne les obtient qu'au compte-gouttes. » C'est Annie, une auxiliaire de vie sociale du Vimeu, qui m'a alerté la première. C'était le tout début du confinement, et, alors que résonnaient les sirènes de « l'état d'urgence sanitaire », ces manques nous surprenaient encore : « On n'a pas de gel hydroalcoolique non plus. Pourtant, on va de maison en maison, chez des personnes âgées, fragiles, on risque de le colporter... Dans l'association, on a déjà un cas déclaré... »

Croyant à un oubli, les AVS éternelles oubliées de la Picardie éternelle oubliée, je prévenais la préfecture et l'Agence régionale de santé. Mais, dans la foulée, je recevais des messages tous azimuts : des sages-femmes et des kinés, des pompes funèbres et des ambulanciers... et même l'hôpital ! Comme on le découvrait, un peu ébahis, presque sonnés, la pénurie était générale, nationale. Le président recourait à de très grands mots, « nous sommes en guerre », « la Nation soutiendra ses enfants qui, personnel soignant en ville, à l'hôpital, se trouvent en première ligne », mais, concrètement, la France, la France du TGV et de la bientôt 5G, manquait de ces petits bouts de chiffon ! Emmanuel Macron s'y engageait néanmoins pour demain : « Nous leur devons évidemment les moyens, la protection. Nous serons là. Nous leur devons des masques, du gel, tout le matériel nécessaire, et nous y veillons et veillerons. »

La semaine d'après, rien n'était arrivé dans le Vimeu ni ailleurs. « On se débrouille, me racontait Estelle. Le masque, moi, c'est une petite mémé qui va me le fabriquer, en tissu. Elle a pris la taille de ma tête, elle va chercher les draps en coton au grenier... »

Et toujours rien la semaine encore après.

La supplique montait de tous les infirmiers, tous les médecins : « Donnez-nous des masques ! » En direct de Mulhouse, le chef de l'État ne s'engageait plus, il refilait la patate brûlante à son ministre de la Santé : « Lui reviendra dans les prochains jours sur les sujets les plus sensibles, en toute transparence. Le sujet des masques, des respirateurs, des tests et des traitements... »

Mieux vaudrait en rire qu'en pleurer.

S'il n'y avait des décès à la clé, on en ferait une comédie. De la prévoyante Agnès Buzyn :

« Aujourd'hui, il n'y a aucune indication à acheter des masques pour la population française, nous avons des dizaines de millions de masques en stock. En cas d'épidémie, ce sont des choses qui sont d'ores et déjà programmées » (26 janvier), à, un mois plus tard, son successeur, Olivier Véran : « Nous allons faire le nécessaire pour qu'ils puissent disposer de masques. Nous passons une commande » (23 février), et, quinze jours plus tard, les masques étaient sur les routes : « J'ai déstocké deux fois 15 millions de masques par camion. Nous sommes en train d'acheminer des masques partout » (3 mars). Mais Annie, mon amie Annie, ne voyait rien venir. « C'est immédiat, rassurait le ministre. La logistique part d'abord en direction des sites où la circulation du virus est la plus active » (13 mars). Les camionneurs devaient être en train de pique-niquer sur les aires d'autoroute. Car Philippe Juvin, le chef des urgences à l'hôpital Pompidou, se plaignait : « Ce qu'il faut résoudre, absolument résoudre, c'est la question des masques. Mais je regarde toute la médecine de ville, tous nos collègues médecins, infirmiers, kinésithérapeutes, toutes ces personnes qui vont à domicile aider les personnes âgées à faire leur toilette, à manger... Ils n'ont pas de masques ! » (18 mars).

À défaut de livraisons, le gouvernement faisait la leçon. C'était la faute aux voleurs. La faute aux mauvais citoyens, qui en portaient pour rien, dans la rue, dans les supermarchés. Alors que, pour la santé, mieux valait s'en passer, d'après Agnès Pannier-Runacher : « La distance d'un mètre, c'est la meilleure garantie de ne pas être contaminé. Les masques, on s'est aperçu que c'était un vecteur de contamination pour des gens qui ne savaient pas bien les utiliser. Ils tripotent le masque toute la journée et, avec leurs mains, ils se mettent en situation d'être exposés au virus » (19 mars). Et la porte-parole du gouvernement, Sibeth Ndiaye, poursuivait le sketch : « Les masques ne sont pas nécessaires pour tout le monde. Et vous savez quoi ? Moi, je ne sais pas utiliser un masque. L'utilisation d'un masque, ce sont des gestes techniques précis, sinon on se gratte le nez sous le masque et en fait on a du virus sur les mains, on a une utilisation qui n'est pas bonne et ça peut être même contre-productif » (20 mars). À la fin du mois, le ministre de la Santé exultait : « Plus d'un milliard de masques ont été commandés depuis la France et l'étranger pour les semaines et mois à venir. Un pont aérien étroit et intensif entre la France et la Chine a été mis en place » (28 mars)…

Mais la Chine, c'est pas la porte à côté.

À Gamaches (Somme), ni Estelle ni Annie n'en obtenaient à la pharmacie, et elles se lançaient dans la couture : « Coucou François, m'annonçait un SMS. Je suis en pleine confection de masques, les collègues n'étant pas approvisionnées… » Les bonnes volontés se décourageaient. Sarah, infirmière, s'était portée volontaire à Bichat pour renforcer les équipes hospitalières: «On m'a dit que j'allais être protégée. On m'avait montré des vidéos pour bien m'habiller en cellule Covid, etc.» Une autre réalité la rattrape: au milieu de vingt-quatre patients porteurs avérés du virus, «la plupart dans un état critique», elle se balade toute une nuit sans masque FFP2. «J'ai l'impression d'avoir été envoyée au casse-pipe sans protection.» Le lendemain, elle présente sa démission, «sûre d'être contaminée».

Malgré la débâcle, les dirigeants jouaient de la méthode Coué. «Durant plusieurs semaines, nous avons préparé, agi», assurait le président en Dupond «d». Et même mieux, renchérissait son ministre en Dupont «t»: «La France est prête.»

Des pénuries se faisaient sentir sur à peu près tout, les respirateurs, la morphine, les tests, les charlottes… Michel Kfoury, le chef des urgences d'Abbeville (Somme, toujours), m'envoyait un SOS: «Nous avons des difficultés logistiques. Le plus urgent, c'est les surblouses pour protéger les soignants, en réanimation et dans les unités Covid+. Et nous avons un grand problème dans les Hauts-de-France: plus de stock de médicaments pour la réanimation, tous nos lits en réa sont pleins, et hier on a transféré à l'hôpital de Dieppe!» Le CHU d'Amiens lançait une quête tous azimuts de «thermomètres, stéthoscopes, saturomètres et tensiomètres».

Olivier Véran le jurait au *JDD* pourtant: «Il n'y a eu aucun retard.»

Tout manquait.

Mais les masques, ces machins de rien, sont devenus l'emblème de notre incurie, de notre pingrerie. Car nous avions été prévenus, un an auparavant, en mai 2019, par l'agence Santé publique France : « En cas de pandémie, le besoin en masques est d'une boîte de 50 masques par foyer, à raison de 20 millions de boîtes en cas d'atteinte de 30 % de la population. » Soit un milliard, déjà. Une recommandation négligée à l'époque. Mais tous les gouvernements, depuis dix ans, s'y sont mis, de Xavier Bertrand à Marisol Touraine : les subventions accordées à l'Eprus, l'Établissement de préparation et de réponse aux urgences sanitaires, ont été divisées par dix, passant de 285 millions d'euros en 2007 à 25 millions en 2015.

L'impératif budgétaire avait tout écrasé. Dont l'impératif sanitaire. Un symbole.

*

« On peut faire quoi, maintenant ? »

Je nous revois, à l'automne dernier, dans un bistro à côté de la gare du Nord.

Face à moi, Hugo Huon, infirmier à l'hôpital Lariboisière, sortait d'une nuit de garde : « C'était la cata, des heures d'attente pour un médecin. Le père d'un petit garçon s'est énervé, il nous a insultés, une collègue s'est mise à pleurer… » Comme président

AUCUN TEST

Jérémie et Sandrine, infirmiers, Jura

« Contrairement à ce que dit chaque soir le directeur général de la Santé, sachez que les personnels de santé ne sont pas testés s'il y a suspicion de la maladie. Deux soignantes l'ont a priori contractée dans l'Ehpad de mon épouse, et aucun test n'a été effectué, juste un diagnostic médical. De plus, aucun test n'est effectué sur les personnes âgées là-bas malgré ces deux cas dans le personnel soignant. Ces mêmes personnels soignants qui étaient malades vont revenir après 7 jours au lieu des 14 préconisés.

Les masques et protections, comme partout, arrivent au compte-gouttes. Le personnel doit garder les mêmes masques pendant deux jours à l'heure où j'écris ces lignes. »

du collectif Inter-Urgences, il préparait une AG pour l'après-midi : « On a tout essayé. Tu nous conseillerais quoi ? »

J'étais bien ennuyé. On se sent un petit bonhomme, au fond, bien démuni, bien impuissant, et il faut redonner du courage, pourtant. Moi aussi, nous aussi, avec ma collègue aide-soignante Caroline Fiat, avec les cocos et leur tour de France des hôpitaux, nous aussi on avait beaucoup essayé, en soutien, en relais. Et en vain.

Chez moi, à Amiens, c'est la psychiatrie qui avait ouvert le bal.

AGATHE : Le papier toilette, c'est réglé, au moins pour l'instant. Non, maintenant, le souci, c'est avec les couvertures. Y en a pas assez pour tout le monde…

F.R. : Les gens dorment sans couverture ?

AGATHE : Oui, on leur met des couvre-lits. Alors que les chambres sont pas super-chauffées, 18 °C en moyenne, certaines chambres en dessous…

F.R. : Des patients se plaignent du froid ?

AGATHE : Bien sûr, toutes les nuits. Pour des malades, il faudrait deux couvertures, et c'est déjà bien quand on en a une à leur proposer…

F.R. : Y en a qui en rapportent de chez eux ?

AGATHE : Oui, et on ne refuse pas. Alors qu'on devrait, pour des raisons d'hygiène…

Gilets jaunes avant l'heure, les personnels de Pinel avaient occupé un rond-point durant tout l'été, avec tentes, sacs de couchage et thermos de café. Au Rouvray, près de Rouen, en psy toujours, huit soignants avaient fait une grève de la faim durant dix-huit jours. « Faim de considération », indiquait une banderole. « Ici, on crève. Leur réponse, c'est : (dessin d'un doigt d'honneur) ».

Dans la foulée, au Havre, les « perchés » campaient sur le toit. Je leur ai rendu visite, et, pour les caméras, j'ouvrais les portes de l'HP : « Dans le hall, vous voyez, dans ce couloir, un lit est installé, enfin bon, c'est même pas un lit, ce sont des fauteuils avec un matelas posé dessus... Dans la pièce à côté, en théorie c'est la salle télé, sauf qu'ils ont posé un lit aussi... » Pour les micros et stylos, je faisais un numéro de camelot : « Venez les voir, mes murs jaunis ! Et mon lino décollé ! Et mes chambres surpeuplées ! » Je récitais mon couplet, presque à l'aveugle, sur la « psychiatrie de la misère, misère de la psychiatrie ».

Mais, comme dit le renard au Petit Prince : « On ne voit bien qu'avec le cœur, l'essentiel est invisible pour les yeux. » À l'hôpital aussi, « l'essentiel est invisible pour les yeux ». Je m'efforçais de le rendre visible :

« Une perchée, Jennyfer, me confiait tout à l'heure qu'un gamin a subi des sévices sexuels. Il arrive ici, traumatisé, et l'infirmière qui l'accueille ne peut pas lui offrir une chambre seul. Le gosse panique, il ne peut pas passer la nuit à côté d'un homme. L'infirmière va voir sa direction : "C'est comme ça et pas autrement." Et du coup, le gamin n'a pas fermé l'œil de la nuit, angoissé, alors que l'hôpital devrait l'apaiser. Et la soignante a pleuré en retournant chez elle, parce qu'elle n'avait pas apporté le réconfort, la sécurité, à cet enfant.

Plus largement, j'en causais avec un infirmier : il n'y a plus d'activités, ici, quasiment, dans les pavillons, plus de pâte à crêpes, plus de céramique, plus de basket-ball. Il n'y a plus de temps pour ça, c'est-à-dire plus de temps pour l'essentiel. Pourquoi ? Parce que c'est en faisant des choses ensemble, côte à côte, qu'on tisse du lien. Ça marche mieux, souvent, que de se retrouver face à face : "Alors, parlez-moi de votre enfance..."

Les patients sont laissés à l'abandon, ils sont gardiennés, lavés, alimentés, médicamentés, mais guère plus, et pour beaucoup ils subissent une régression. Mais c'est toute la psychiatrie, en fait, qui subit une régression. »

C'est vrai en HP, mais aussi à l'hôpital en général, je crois : avec la suppression de « postes », c'est l'humanité qui a d'abord fondu. Ce petit temps avant la piqûre : « Alors, mamie, vous avez bien dormi ? », ces liens de rien qui sont l'essentiel. « Une aide-soignante réconfortait une dame qui sanglotait, sa cheffe passe : "Qu'est-ce que vous faites sur le lit de la patiente ?" » Pressées, toujours pressées : « On nous dit : "Vous n'êtes pas là pour parler au patient !" » Le métier s'est desséché, réduit à des gestes techniques qu'on enchaîne, à une course entre les chambres.

En Normandie comme en Picardie, la ministre ne s'est pas déplacée. À défaut, ce « vécu », je le rapportais dans l'hémicycle.

> M. François Ruffin : Durant les vacances de Noël, la mère d'une amie, âgée de 90 ans, est tombée chez elle. Les pompiers l'ont conduite à l'hôpital d'Amiens, au service gériatrique. Dès son arrivée, les soignantes l'ont prévenue : « Nous ne sommes

que trois pour trente patients. Nous n'aurons pas le temps de nous occuper de vous. » Cette promesse a été tenue. Durant son séjour, son plateau-repas lui fut servi, sans aide, et l'assiette demeurait intacte devant elle. Le bassin pour ses besoins fut longuement oublié sous ses fesses. Lorsqu'elle eut soif, on estima qu'elle avait assez bu comme ça.

UN DÉPUTÉ DU GROUPE EN MARCHE : Quand finirez-vous les effets de théâtre ?

M. FRANÇOIS RUFFIN : Souvent, cette vieille femme pleurait. Mais elle n'était pas la seule : les soignantes, elles aussi, pleuraient. Au fil de la semaine, elles se confièrent à mon amie : « Cet après-midi, nous avons eu une réunion de service. On a dit à notre chef qu'on n'en pouvait plus, qu'on faisait mal notre travail, que les patients étaient mal soignés. Ils nous répondent "Plan de retour à l'équilibre". On pleure et ils nous parlent budget ! » *(« Arrêtez ! » sur les bancs du groupe En Marche. – « Il a raison ! » sur les bancs du groupe France insoumise.)* Madame la ministre des Solidarités et de la Santé, c'est une scène ordinaire des hôpitaux et des Ehpad français. Partout, à Paris, à Bordeaux, à Marseille, à Strasbourg, les hôpitaux craquent. Les médecins s'alarment. Qu'avez-vous à leur offrir ? Que prévoit, concrètement, votre budget de la Sécurité sociale ? Zéro création de poste et 1,6 milliard d'économies.

La ministre me répondait par de belles paroles : « Vous pointez une réalité ancienne dans nos établissements de santé… J'ai un profond respect pour ces fonctionnaires dévoués… Je souhaiterais leur apporter une réponse de long terme. C'est pourquoi je réfléchis à une transformation de notre système de santé visant à le rendre pérenne et efficient. *(Applaudissements sur les bancs du groupe En Marche.)*»

Elle «réfléchissait», donc, à la «transformation», à la «pérennisation», à l'«efficience».

Tout irait mieux sur le «long terme».

Aux urgences de Saint-Nazaire, Florent, médecin, n'avait qu'une courte vue: «Ici, c'est le jeu des lits musicaux.» Je l'auditionnais dans son hôpital pour une «commission d'enquête officieuse et décentralisée»: «On a mis des brancards dans le couloir, mais comme ça déborde, on en a rempli la salle d'attente, et comme ça déborde encore parfois, on a construit un Algeco dehors.»

En salle de pause, les infirmières se confiaient: «Tout est compté. Jusqu'à une compresse qui est comptabilisée. Et on vient nous parler de qualité de soins?

– Dans la bouche de la hiérarchie, vous entendez des trucs comme: "Lui, je ne le prends pas, il va me plomber." Parce que le patient rapporte à l'acte: le clou dans le fémur, c'est bon, la dialyse en urgence, c'est bon… Mais le pauvre qui n'a plus de dents, on va lui découvrir un souffle au cœur, l'aide-soignante va devoir le nourrir, ça sera une place de perdue pour

DES PIONS

Samuel, médecin assistant, Haute-Garonne

« Étant interne en médecine, j'ai pris un poste entre les mois de novembre 2018 et mai 2019 de médecin assistant auprès du personnel hospitalier d'un CHU. J'ai vu tous les jours des soignants pleurer, venir me raconter leur quotidien, avec des rythmes effrénés, aucune reconnaissance de la part de l'institution. Une fois que tu n'es plus assez en forme, on ne te propose rien, même si ça fait trente ans que tu travailles dans l'hôpital. Des pions, rien d'autre, aucune humanité.

L'hôpital public n'est pas en crise : une crise est une période courte de transition. L'hôpital public fonctionne de cette façon depuis des années. »

un mois. Pareil pour une pneumonie, qu'il faudrait surveiller, mais sans opérer. Donc tu reçois l'ordre : "J'en veux pas, il va m'emboliser mon lit !" »

Leur cheffe de service ne démentait pas, elle me servait de guide : « Avant, j'arrivais le matin en me demandant : "Comment va mon patient ?" Maintenant, c'est : "Qui je vais faire sortir ?" » On la sentait coupable. « Nous n'avons pas d'oreillers pour nos patients nonagénaires qui vont sédimenter sur des brancards pendant 24 à 48 heures… » Car la culpabilité est la clé : les patients sont coupables de venir à l'hôpital, comme si c'était une sortie du samedi. Les soignants se sentaient coupables, coupables de mal soigner. D'autant que c'était vrai.

« À partir du seuil d'un soignant pour sept patients, il y a une augmentation d'environ 7 % de la mortalité par patient supplémentaire. Si vous arrivez à un soignant pour douze patients, vous avez 35 % de mortalité supplémentaire. » C'est la revue médicale de référence *The Lancet* qui livrait ces chiffres en février 2014. Et l'étude concluait : « L'hypothèse selon laquelle la dotation en personnels infirmiers va être réduite pour faire des économies et sans nuire aux patients est au mieux stupide, au pire fatale. » Ces statistiques, eux les vivaient, eux les portaient comme des ombres sur la conscience, c'était confus, diffus, mais ça usait : « Après leur formation, chiffrait Florent, 30 % des infirmiers quittent le métier avant cinq ans. C'est le chiffre de leur syndicat. »

À l'Assemblée, j'avais défendu une proposition de loi sur le burn out, ou plus précisément sur « les troubles psychiques liés au travail ». Des postiers et des policiers témoignaient, des conseillers bancaires et des directeurs de supermarché, des DRH et des téléconseillers… Ce mal de l'époque est partout. Mais c'est dans les métiers du soin qu'on l'observait surtout, c'est pour eux que Harold Bradley avait le premier, en 1969, conçu cet « incendie de soi ». Pourquoi ? Le burn out provient, en partie, du sentiment d'un travail mal fait. Bâcler, c'est désagréable pour tous. Quand il s'agit de rédiger des rapports, de classer des archives, de tailler des haies, encore, on peut s'en accommoder, se dissocier de son emploi. Mais quand en face il y a de l'humain, des malades qui souffrent et qui espèrent, qui supplient et qui remercient, alors c'est douloureux, et le travailleur va, comme on dit, et ça dit tout, « prendre sur lui ».

C'est là-dessus que l'hôpital tient, au quotidien, depuis vingt ans : sur l'usure des soignants, qui comblent, tentent de combler, le fossé entre la fin proclamée, la santé, et les moyens laissés, manque de lits, manque de personnel, manque de temps avant tout. C'est là-dessus que l'hôpital va tenir, encore, dans cette crise, tenir sur les nerfs, avec des soignants qui vont prendre sur eux, avec l'inquiétude de « mal faire leur travail ». Car cette fois ils doivent choisir : qui va-t-on sauver ? Qui va-t-on laisser mourir ? Et non pas abstraitement, avec des chiffres et des concepts, mais très concrètement.

À Riespach, en Alsace, en plein « cluster » épidémique, l'association Marie Pire accueille 36 adultes handicapés, et Florence Aubenas raconte dans *Le Monde* :

> « Un vendredi soir, Alain, 58 ans, se met à suffoquer. L'aide-soignante se souvient d'avoir appelé le Samu : "Venez vite, il va me mourir dans les bras !" L'opérateur évoque la surcharge. Deux jours plus tard, Alain expire dans sa chambre.
>
> Tous les soirs, l'angoisse monte au centre de Riespach. "On se disait : qu'est-ce qui va se passer ?"

Le cahier des transmissions internes raconte la nuit du 25 mars. À 20 h 30, le Samu est alerté pour Marie-France, à 21 h 15 pour Bruno, à 1 h 30 pour Gilbert, à 2 h 45 pour Françoise. À 3 heures, c'est le Samu qui rappelle lui-même : "Arrêtez de téléphoner, on est saturés." Toujours pas d'ambulance en vue.

Le lendemain, le directeur sollicite l'Agence régionale de santé (ARS). La conversation dure dix-huit minutes. "Ils me le font comprendre très clairement : les personnes handicapées ne seront pas prises en charge. Vous vous les gardez. On vous aidera à mettre en place un accompagnement de fin de vie et une cellule psychologique pour le personnel." Philou meurt le 28 mars. Gilbert, le 31. Puis, le 3 avril, c'est Bruna. "Il a fallu qu'ils tombent les uns après les autres pour qu'on les accepte." »

On n'appelle pas ça de l'eugénisme, mais « prioriser » – comme en témoigne une infirmière sur sa page Facebook :

« Je croise les médecins en chemin. Ils me disent qu'ils pensent ne pas prendre l'entrée du monsieur de 72 ans car un jeune de 27 ans décompense dans les étages. Ils lisent dans mon regard mon incompréhension. 72 ans ? Oui, c'est âgé, mais… On ne va pas refuser de lui donner sa chance ? La réponse était si. Il ne nous reste qu'une place, il faut prioriser. Prioriser avec la vie d'autrui. Drôle de concept. Je vois en sortant que M. A refait un arrêt cardiaque, je m'habille le plus vite possible, j'appelle à l'aide, mais personne ne vient. Mon aide-soignante a disparu, ma collègue infirmière est enfermée dans une chambre. Je m'habille aussi rapidement que possible, masque, gants, combinaison, en voyant le tracé plat de l'ECG. Je hurle de toutes mes forces... Je suis là, toute seule avec ce corps. Avec cette haine contre ce coronavirus, avec ma culpabilité... J'entends une conversation entre médecins, le patient de 72 ans que nous n'avons pas pris est mort sur le petit matin. Mon chef de service a la voix nouée, je le connais, il est profondément humain. Il sait que sa décision a coûté la vie à ce monsieur. On le sait tous, on le vit tous mal. On culpabilise tous... Le téléphone sonne, en décrochant je reconnais la voix de Mme A. Ma gorge se serre, mon souffle se coupe. Elle me demande à plusieurs reprises ce qu'il se passe. Je suis comme paralysée. Ma bouche sort un: “Je suis sincèrement désolée, madame.» Mme A. hurle au téléphone, me supplie de lui dire qu'il n'est pas mort. Je réitère mes propos. Je n'ai pas les mots. Je lui dis que malheureusement nous n'avons rien pu faire. Je parle tel un robot en essayant de mettre mes émotions de côté. C'est dur. Vraiment dur... Je vois la relève arriver au moment où je raccroche. Énorme panique, j'ai plein de choses non faites, je vais me faire juger, mes collègues vont penser que je suis mal organisée.»

Ils sont «en première ligne», oui, pour la culpabilité aussi.

*

Bizarrement, seuls les responsables ne se sentent pas coupables. Au contraire, ils délivrent des leçons, droit dans leurs bottes budgétaires : « Il n'y a pas d'argent magique ! » À la sortie du CHU de Rouen, en avril 2018, Emmanuel Macron croisait deux infirmières qui l'interpellaient : « On a besoin d'argent…

– Le déficit public, ce sont vos enfants qui le paient, accusait tout de go le président.

– Le déficit public, c'est beaucoup les banques pour l'instant, reprenait la soignante. Ce n'est pas tant les hôpitaux…

– Mais non, ce n'est pas vrai, la corrigeait l'ancien banquier. Pardon de vous dire, ce n'est pas les banques, vous dites des bêtises. Nous, aujourd'hui, nous vivons à crédit… »

Et ce « crédit », ce « déficit », c'était leur faute, on comprenait bien, à ces blouses blanches. Le chef de l'État poursuivait : « Ce que je dois à tous nos concitoyens, c'est d'investir… » Sous-entendu : l'hôpital n'est pas un investissement. « Mais pour ça, il faut bouger ! » Sous-entendu : tandis que vous bloquez. « Mettre des moyens sans faire les choses pour moderniser, accompagner, transformer, avoir parfois du bon sens, c'est pas aider les gens. » Sous-entendu : l'argent pour le « système de santé » serait gaspillé.

CHAMBRE À PART

Mathilde, infirmière CHU, Clermont-Ferrand

« Première chose aberrante : jusqu'au lundi 16 mars, les personnels médicaux devaient mettre des masques chirurgicaux. Depuis lundi soir, il a été décrété que, au regard du nombre de masques, le port serait restreint aux patients et personnels du service Covid. Donc, la plupart du temps, on ne met pas de masque, ce qui est choquant.

Deuxième chose aberrante : sur Clermont-Ferrand, un réseau solidaire a été lancé pour créer des masques de manière artisanale. Ces masques nous sont refusés, car il faudrait les laver.

On n'est donc pas protégés et cela crée énormément d'angoisse, des gens craquent. Quand on rentre chez nous, on doit se décontaminer, les gens font chambre à part. »

C'était le credo, guère nouveau.

La santé est un coût.

À diminuer, donc.

Chaque automne, dans l'hémicycle, pendant l'examen du budget de la Sécurité sociale, le mot « réduction » résonnait (24 fois en 2019), « déficit » (37 fois), « objectifs de dépenses » (10 fois), « efficacité » (17 fois). On ne les entendait plus, ces phrases, tant elles appartenaient au paysage. Mais jamais « embauche » (zéro fois). Jamais « moyens supplémentaires » (zéro fois). Tabous, eux. En trois budgets sous Macron, 12 milliards furent grattés sur la santé. Grattés, on le voit maintenant, jusqu'à l'os.

On protestait, nous, l'opposition.

On amendait.

Mais c'était la routine, une fatalité.

Car le macronisme n'a rien inventé, guère « disruptif » : il s'inscrivait dans une continuité.

Depuis Alain Juppé, qui, sous Chirac 1, a édicté par ordonnance l'Ondam, l'Objectif national de dépenses d'assurance maladie, un plafond pour le budget de santé à ne pas dépasser, quels que soient les besoins de la population – tout comme on veut, aujourd'hui, par ordonnance toujours, plafonner le budget retraites.

En passant par Jean-François Mattei, Chirac 2, et son « Plan hôpital 2007 », qui instaure la tarification à l'acte (T2A). Puis un autre « plan de modernisation », financé sur les marchés financiers, qui avec la crise financière de 2008 a massivement endetté les établissements.

En passant par Roselyne Bachelot, sous Sarkozy, et sa loi « Hôpital, patients, santé et territoire », qui démet les médecins de leur pouvoir et le confie à des directeurs d'hôpital, rouage administratif et budgétaire.

Jusqu'à Marisol Touraine, sous François Hollande, et sa « Loi de modernisation de la santé », qui crée des « groupements hospitaliers de territoire », incitant à la fusion, à supprimer des lits, à faire des économies.

Au fil de ces lois, de ces réformes, le soin s'est transformé en ligne comptable dans un tableau Excel: «J'ai réclamé l'achat d'une machine. La seule question qu'on m'a posée, c'est: "Combien ça coûte? Combien ça rapporte?" C'est tout. Rien sur la thérapie, le bien-être. Et quand j'ai démontré que, au bout de dix patients, c'était rentabilisé, tout le monde a voté pour.» Le «virage ambulatoire» a fait des miracles, sinon de guérison, du moins dans les budgets: en une vingtaine d'années, un quart des lits ont disparu, près de 100000, tandis que les passages aux urgences doublaient, de 10 à 20 millions.

Les causes du malaise étaient, dès lors, mystérieuses…

Au printemps 2019, faute d'«argent magique», 240 services d'urgences se sont mis en grève (symbolique: le travail continuait).

En vain.

En juin, durant une manifestation, des soignants se sont injecté de l'insuline.

En vain.

En novembre, les médecins entamaient une «grève du codage»: les données ne seraient plus transmises à l'Assurance maladie pour facturation.

En vain.

En décembre, le professeur Hugot et ses collègues pédiatres lançaient un cri d'alarme : « Les enfants sont mis en danger par l'insuffisance des moyens. » Et de décrire le jeu des couveuses musicales : « Avec l'épidémie de bronchiolite, on envoie des nourrissons à Amiens, à Reims, à Rouen, loin de leurs parents, faute de lits à Paris. »

En vain.

En janvier 2020, plus de mille praticiens hospitaliers menaçaient de « démissionner collectivement » de leurs fonctions administratives.

En vain.

En guise de réponse, Agnès Buzyn se disait « sidérée » : « Sidérée, d'abord, de leur méconnaissance du système, du nombre d'informations fausses dont ils disposent et à quel point leurs solutions sont des solutions de court terme. »

La remplaçant, prenant ses fonctions, Olivier Véran allait, lui, faire un louable effort : « Je lancerai une enquête nationale pour consulter les hospitaliers, pour tenter de saisir les raisons de leur mal-être. » Tout cela était énigmatique, vraiment. En deux ans de mouvement, ils ne s'étaient pas exprimés assez clairement. Il fallait une « enquête », avec des psychologues peut-être, pour sonder leur « mal-être »...

Au café La Ville d'Aulnay, Hugo Huon était découragé.

Nous aussi.

*

Mais tout cela, c'était avant.

Avant la « révélation ».

Avant qu'on ne découvre notre hôpital à nu, à court de tout et s'efforçant encore de tenir, malgré les décennies de pingrerie et de mépris.

Le jeudi 27 février, Emmanuel Macron faisait un détour par la Pitié-Salpêtrière et ne parlait plus, là, de « déficit » et d'« argent magique » : « Je vous remercie pour votre mobilisation. » Un neurologue l'implorait : « On est à bout, on est vraiment à bout.

– Je suis là, l'assurait le président.

– Non, pour l'instant vous n'êtes pas là. Vous savez, quand il a fallu sauver Notre-Dame, il y a eu beaucoup de monde pour être ému. Là, il faut sauver l'hôpital public, qui est en train de flamber à la même vitesse. »

Le chef de l'État tentait de l'apaiser : « Je compte sur vous, et vous pouvez compter sur moi.

– Vous pouvez compter sur moi, rétorquait le médecin. L'inverse reste à prouver. »

Depuis, la pluie d'hommages présidentiels n'a pas cessé.

« Je tiens avant toute chose à exprimer ce soir la reconnaissance de la Nation à ces héros en blouse blanche, ces milliers de femmes et d'hommes admirables qui n'ont d'autre boussole que le soin, d'autre préoccupation que l'humain, notre bien-être, notre vie, tout simplement... » (12 mars).

Ça ressemblait, déjà, à une inscription pour l'Arc de triomphe. La suite, le discours suivant, allait le confirmer : « Nous sommes en guerre. La Nation soutiendra ses enfants qui, personnels soignants en ville, à l'hôpital, se trouvent en première ligne dans un combat qui va leur demander énergie, détermination, solidarité » (16 mars).

Et toujours plus de trémolos : « Dans cette guerre, il y a en première ligne l'ensemble de nos soignants. Les yeux sont cernés, la fatigue est présente. L'angoisse est là pour eux-mêmes, pour leurs collègues, pour leur famille. Je l'ai vu aujourd'hui avec beaucoup de force. La Nation tout entière est derrière eux, reconnaissante. Elle rend hommage chaque jour. Elle est à leurs côtés à chaque instant. Avec un courage exceptionnel, ils font face. Ils sauvent des vies. Ils font tout ce qui est en leur pouvoir » (25 mars).

J'habite la Somme, et dans mon coin, le Santerre, les cimetières militaires fleurissent comme des champs de croix, cimetières canadiens, cimetières chinois, cimetières australiens, cimetières anglais, cimetières français bien sûr, le monde qui s'est donné rendez-vous ici pour s'entretuer, cimetières allemands également, à Proyart, dans le village de ma grand-mère, des croix à perte d'horizon, et à chaque croix quatre morts, et à l'entrée un imposant

EN GUERRE

Emmanuel

« La métaphore guerrière dans le discours de M. Macron : tout est vécu en termes de domination, même dans le domaine scientifique de la médecine. L'idée de faire la guerre à un virus est aussi ridicule que d'appeler à la guerre contre les éléphants ou les bégonias. Mais c'est significatif du rapport capitaliste à la nature : on la domine, on la combat. »

monument : « À nos morts. La Patrie reconnaissante ». Aussi, oui, cette rhétorique de Macron-Clemenceau rejouant Verdun à Mulhouse, confondant le corona avec la Grosse Bertha, je m'en méfie : les soignants seront-ils les nouveaux poilus ? Sacrifiés à leur tour, avec des médailles en fer blanc à titre posthume ? Au fond, plus on célèbre leur « vocation », leur « mission », plus on s'éloigne du but : que médecin ou infirmier soit un métier, juste un métier, un métier effectué avec précision, avec rigueur, avec dévouement et avec du matériel, mais un métier, et non de l'« héroïsme ».

Le président aime se payer de mots. Et c'est avec cette monnaie qu'il voudrait les payer. Car le carnet de chèques, lui, n'est toujours pas de sortie.

« L'engagement que je prends ce soir pour eux et pour la nation tout entière, grandiloquait le chef de l'État à Mulhouse, c'est qu'à l'issue de cette crise un plan massif d'investissement sera construit pour notre hôpital. »

Mais pourquoi attendre ? Pourquoi attendre « l'issue de cette crise » ? Pour les entreprises, le gouvernement a rectifié son budget en urgence : 45 milliards débloqués, 300 milliards de prêts garantis par l'État. Pourquoi pas ? Je suis pour, même.

Mais pour l'hôpital, rien. Aucun PLFSSR, « Projet de loi de financement de la Sécurité sociale rectificatif » : en clair, pour affronter le virus, on ne corrigeait pas le budget de la Sécu, pas de rallonge prévue…

Et le « plan massif » annoncé, sa première ébauche sortie des cartons, ou plutôt de la Caisse des dépôts et consignations, ne rompait guère avec l'orthodoxie : des « partenariats public-privé », tant vantés. « Sept cents start-up » privées qui feraient la « santé numérique » de demain. Des assureurs privés qui soutiennent l'« Alliance digitale pour le Covid-19 », composée de « Docaposte, la start-up lilloise Kelindi, l'agence Dernier cri, Allianz France et le cabinet d'avocats De Gaulle Fleuranz et associés ». Enfin, « le consortium est soutenu par AG2R La Mondiale, AstraZeneca, CompuGroup Medical, Johnson & Johnson, La Banque postale assurances, Malakoff Humanis, la plateforme de télécommunication MesDocteurs et le groupe VYV ». Autant de gens qui souhaitent, sans doute, le plus grand bien à l'hôpital public…

À défaut de budget, sur Leetchi les « cagnottes solidaires » fleurissaient : « “Tous ensemble contre le virus” a pour vocation d’aider les soignants, et tout le personnel du CHU de Bordeaux, à répondre à une urgence absolue en contribuant au financement de matériel. En particulier du matériel à destination des services de réanimation. Merci à chacun d’entre vous de votre participation ! Merci aussi de partager encore et encore le lien sur tous vos réseaux sociaux. »

Patrick Drahi, lui aussi, était solidaire, et SFR m’adressait ce message : « COVID-19 : AIDONS NOS SOIGNANTS. Apportez votre soutien à la fondation Hôpitaux de Paris-Hôpitaux de France et donnez 5 euros en répondant DON à ce SMS. »

Et même Gérald Darmanin, le ministre de l’Action et des Comptes publics, et donc des impôts, dont l’ISF, participait au Coronathon : « Je lance un grand appel à la solidarité nationale. Une plateforme de dons sera mise en ligne… »

Tout reposait sur la charité, les élans du cœur.

Sur les shows de McFly et Carlito. Sur la chanson de Florent Pagny et Pascal Obispo, droits reversés à la fondation des hôpitaux. Sur l’influenceuse Léna Situations, qui encourage les « dons de crème hydratante » pour les soignants. Sur Marion Cotillard et Guillaume Canet, Alain Prost et Bénabar, Chantal Goya et David Guetta, pour leur tombola « Stars solidaires ».

Surtout, Sanofi France donnait 100 millions pour les Ehpad, contre 4 milliards pour ses actionnaires. Dont, en premier lieu, la famille Bettencourt, 55 milliards de patrimoine et zéro impôt de solidarité : eux annoncent des « dons à diverses organisations » et du gel hydroalcoolique. Tout comme mon ami Bernard Arnault et ses 234 filiales situées dans des paradis fiscaux : il offre 10 millions de masques. Avec dans sa roue BNP-Paribas et Kering, Dassault et Axa, etc. Après l'art moderne, après Notre-Dame, quoi de mieux que les blouses blanches pour se blanchir la conscience ? Et les mêmes, les mêmes qui, de la main droite, versaient des milliards de dividendes, les mêmes qui « défiscalisaient », qui « optimisaient », qui « caïmanisaient », bref, qui trichaient depuis des années, les mêmes « premiers de cordée » qu'on choyait avec des « niches » et des « flat tax », par milliards tout ça, dizaines de milliards, centaines de milliards accumulés, les mêmes délivraient de la main gauche leur obole en millions.

« J'en viens alors à me demander, écrivait Roland Barthes dans ses *Mythologies*, si la belle et touchante iconographie de l'abbé Pierre n'est pas l'alibi dont une bonne partie de la nation s'autorise, une fois de plus, pour substituer impunément les signes de la charité à la réalité de la justice. »

Sur LCI, Bruno Le Maire était interrogé, et il ne penchait guère vers « la réalité de la justice » : « Est-ce qu'on va débloquer les milliards dont l'hôpital a besoin ? Est-ce qu'on va arrêter de lésiner, Monsieur le ministre, sur les moyens de l'hôpital ? » La question était claire. La réponse l'était moins : « Je suis plein d'admiration pour les soignants, plein de reconnaissance… » Ils se refilaient le mot. Côté sentiments, pas de souci, ils étaient généreux. « … et si cette reconnaissance, poursuivait-il, doit se traduire par du soutien financier parce qu'à un moment donné il y en aurait besoin, croyez-moi, l'État répondra présent. » Comme c'était énoncé avec précaution ! Avec un « si » ! Avec du conditionnel ! Et au futur ! Alors que, pour aider la French Tech, le gouvernement débloquait rapido 4 milliards d'euros : « Versement anticipé d'aide ou de crédit d'impôt, résumait *L'Usine digitale*, financement de bridges et prêt de trésorerie garanti par l'État : le gouvernement a annoncé un fonds de 4 milliards d'euros pour venir en aide aux start-up en raison de la crise économique liée à la pandémie de coronavirus. » Sans « si », sans conditionnel, et au présent…

L'urgence budgétaire n'allait toujours pas aux urgences.

Même en pleine crise sanitaire, la santé demeurait un « coût », une « charge ».

Et il faudrait, finalement, un deuxième budget rectificatif pour un geste envers les soignants. Emmanuel Macron leur accordait une « prime Covid », 1 500 euros pour les plus vaillants, 500 euros pour les autres, comme un manager de chez McDo récompense l'employé du mois.

*

« Et la santé, surtout. »

Quand j'étais petit garçon, c'était encore la tradition : on faisait en début d'année, de ferme en ferme, de grands-oncles en cousins lointains, la tournée des étrennes. Un froid glacé s'engouffrait dans le couloir, et, tandis qu'on ôtait nos cache-cols, une grand-tante nous serrait dans ses bras, claquait une bise poilue sur notre joue et glissait une pièce entre nos doigts. « Tu t'achèteras un chuc », nous chuchotait-elle à l'oreille. Ma mère avait repéré le manège et s'exclamait, battant des bras : « Fallait pas ! Fallait pas ! Oh, ils sont gâtés-pourris ! » On reprenait en écho, « Fallait pas ! », mais au fond ces 10 francs nous dédommageaient d'heures ennuyeuses, fastidieuses, au coin du poêle, autour d'une toile cirée, à prendre des nouvelles de marraines inconnues, d'aïeux jamais vus, et aussi des lopins revendus. Avec les « meilleurs vœux » à la queue-leu-leu et ce refrain, rebattu : « Et la santé, surtout, parce que quand on a la santé, tout va. » On s'en moquait, avec ma sœur, on les imitait en sortant, fredonnant : « Et la santé, surtout ! Parce que quand on a la santé, tout va ! », nous qui l'avions, la santé. Mais, dans sa banalité, ce bon sens disait tout : oui, la santé, surtout…

LA VAGUE

Laure, interne en médecine, Haute-Garonne

« La vague. Quinze journées de travail enchaînées, vendredi 24 heures, samedi non payé, dimanche 24 heures. Moi, c'était cela ma vague, il fallait tenir le coup. 12 jours de congés sur 6 mois, cela fonctionne ainsi, une moyenne horaire hebdomadaire qui ne se compte plus et un salaire net de 1450 euros. Marche ou crève. Jour, nuit, jour, nuit, et c'est reparti.

Nous sommes allés dans la rue, en décembre 2019, dénoncer nos conditions de travail, dénoncer un hôpital public en détresse, matérielle et personnelle, dénoncer une réforme de l'internat qui nous a été imposée, dénoncer une improvisation ministérielle constante, avec des instances supérieures des facultés qui s'adaptent au jour le jour. Une année de plus, rendue obligatoire et rétroactive sur 2017 ! Où sont les contrats de travail signés ? Telle une barque sur un fleuve déchaîné, si demain ils nous disent deux années de plus, trois années de plus, où trouverons-nous le temps d'aller dans la rue pour exprimer notre désaccord ? Puisque beaucoup nous reprocheront d'avoir abandonné nos devoirs fondamentaux de venir en aide aux patients, où est l'éthique morale dans tout cela ? »

ai-je posé comme postulat.
Cela entraîne, à l'évidence :

Sans que l'État compte.

Je ne vais pas refaire, ici, un débat sur la fiscalité. M'enfin, tout de même, des évidences, des offenses au bon sens : cet automne, pour financer des « mesures d'urgence » dites Gilets jaunes, 4,7 milliards d'euros furent prélevés sur la Sécu. Des « mesures d'urgence » non pour les urgences, mais « pour le pouvoir d'achat », comme on déshabille Paul pour habiller Jacques. Qui s'ajoutaient aux 20 milliards du Crédit d'impôt pour la compétitivité et l'emploi, aux trois milliards de l'Impôt de solidarité sur la fortune, à l'« exit tax », à la « flat tax », tous ces « allègements » pour les « investisseurs ». Et en plein dans notre sujet : le Crédit d'impôt recherche, 6 milliards par an, deux fois le budget du CNRS ! Des sommes qui ne vont pas aux chercheurs, mais aux magouilleurs – comme me le détaillait Élise, qui vend des « produits de défiscalisation » : « J'explique aux PDG comment frauder, comment retranscrire toute leur activité en recherche et développement. On tire sur cette vache à lait pour faire du détournement. Souvent, les clients doutent de pouvoir en bénéficier, mais nous, une laborantine, une secrétaire, un VRP, on te passe tout ça en R&D. Les SSII, les sociétés de services en informatique – ce sont des marchands de viande –, elles embauchent un cheptel de cent mecs en CIR, tout est subventionné. Il suffit de marquer "chercheur". » Un « hold-up », comme le dénonce le professeur Canard. Avec son équipe, depuis près de vingt ans, cet infectiologue effectue des recherches sur les coronavirus, et il peine, il remplit des dossiers, il galère en précarité, avec des postes perdus, des congés maladie non remplacés, idem pour les congés maternité, une démission navrée.

Tout ça pour dire : faut pas nous embêter avec les budgets. De l'argent, il y en a.

LA SANTÉ COMME PRIORITÉ

sans que l'État compte.

Mais sans, surtout, que les gens aient à compter. Et donc, pour tous : une couverture à 100% sans le recours à une kyrielle de complémentaires et d'assurances privées. Sans qu'un tiers des Français, les plus pauvres évidemment, renoncent à des soins. Sans que la Sécu ressemble à un gruyère, avec plus de trous que de fromage : hausse du forfait hospitalier, dépassements d'honoraires autorisés, déremboursements de médicaments… Qu'est-ce qui est pris en charge ? Qu'est-ce qui ne l'est plus ? Qui le comprend encore ? Pas moi, en tout cas.

Et les vautours, bien sûr, en embuscade.

Claude Bébéar, le patron d'Axa, en rêvait il y a vingt ans déjà, et ne faisait pas qu'en rêver : « Il peut y avoir une Sécurité sociale publique, et à côté des sécurités sociales privées. » À la tête du premier assureur d'Europe, le « parrain du capitalisme français » a les moyens de convaincre, doucement, gentiment, les dirigeants. En 2000, le voilà qui fonde l'Institut Montaigne, un « *think tank* » bien sûr « indépendant » – c'est-à-dire financé par Areva, Axa, Allianz, BNP Paribas, Bolloré, Bouygues, Dassault, Pfizer, etc. Aux côtés des banquiers et des PDG, s'y retrouvent des économistes médiatiques et des journalistes dominants... De quoi faire passer ses « idées » dans le Tout-Paris, avec des invitations sur France Inter, LCI. De quoi les faire passer, surtout, pour des idées « indépendantes » – et non pour des intérêts déguisés. Et qu'on devine son cheval de bataille ? « Réinventer l'assurance maladie »...

« Il faut une génération pour changer un système de santé », notait, philosophe, Henri de Castries – le successeur de Claude Bébéar à la tête d'Axa. Lentement, doucement, bout par bout, ils y parvenaient.

C'est ce chemin qu'il nous faut stopper net.

Je dirais aussi :

LE SOIN, C'EST DE L'HUMAIN.

À Amiens s'est construit, nous dit-on sans chauvinisme aucun, « le plus bel hôpital de France, si ce n'est d'Europe ». Les décideurs en sont fiers. Pour voyager un peu, j'en ai croisé ailleurs, des bâtiments rutilants, du CHU tout neuf qui, « vu du dessus, a la forme d'une clé, la clé de l'accueil », énonce fièrement un

COTISATION

Ludovic, développeur Web, Isère

« Dans les années 1960, lorsque les CHU, qui supposaient un investissement énorme, ont été montés en France, nous n'avons pas fait appel aux marchés financiers ou aux partenariats public-privé pour les financer. Nous avons simplement augmenté d'autant qu'il le fallait le taux de cotisation de l'assurance maladie.

Voici donc une des propositions maîtresses que nous devons soutenir : l'augmentation du taux de cotisation pour financer l'hôpital public. »

architecte poète. Une agente hospitalière se montrait moins lyrique : « Il fallait que le hall soit en marbre, avec des plantes genre exotiques. Les premiers arbres ont coûté 2 500 euros pièce, mais comme ils dépérissaient, les suivants reviennent à 3 000 euros ! À un moment, comme ils manquaient de financements, c'était soit le hall, soit un étage pour les malades. Ils ont choisi de sacrifier l'étage. Le chef de projet me l'a expliqué : "Il faut une belle vitrine, pour concurrencer les cliniques du privé"... »

Pour le béton, on déverse des centaines de millions. Dans ma ville, un milliard. Mais, une fois plantée la jolie façade, que reste-t-il derrière comme investissements pour les soignants ? On économise sur les compresses et sur les embauches, sur leur temps, compté, comptable. On néglige l'essentiel, qui est invisible pour les yeux…

Puisque j'enfile les lieux communs, celui-ci encore, qui n'a l'air de rien :

MIEUX VAUT PRÉVENIR QUE GUÉRIR.

Prendre au sérieux ce proverbe, c'est tout renverser. C'est bousculer des pans entiers de notre société.

Les épidémiologistes sont de sortie aujourd'hui, par temps de pandémie, et ils déploient sur les plateaux des courbes, des chiffres, des évolutions… Eux que d'habitude on fait taire, ces statisticiens relégués dans un coin. Pourquoi ? Parce que, d'ordinaire, ils révèlent des épidémies ordinaires, d'obésité, de dépression, de cancer. Parce qu'ils mettent à nu des corrélations, des liens de causalité : pour le plomb, pour l'amiante, pour le tabac, ils avaient prévenu.

Et ils préviennent encore, pour l'environnement, d'abord, évidemment : la pollution de l'air, les perturbateurs endocriniens, les pesticides, les ondes tous azimuts, les écrans… Pour le travail, aussi, mal réparti : certains travaillent trop, trop vite, et en éprouvent du stress, les nuits éveillées, les gestes répétitifs, les troubles musculo-squelettiques. Mais d'autres ne travaillent pas assez, pas du tout, et ce chômage provoque lui aussi du mal-être, débouche sur des affections contenues dans cette expression :

« On se ronge les sangs. » Ces chercheurs préviennent pour la consommation : comment « manger cinq fruits et légumes par jour » alors que les publicités vantent en continu à nos enfants (et à nous-mêmes !) des sodas, des hamburgers, des friandises ? Comment « faire de l'activité », marcher jusqu'au lycée, faire du vélo jusqu'au boulot, alors que la télé célèbre le dernier « modèle » de chez Renault ?

Prévenir plutôt que guérir, c'est affronter les intérêts, gigantesques, pharamineux, de l'industrie chimique, de l'industrie agro-alimentaire, de l'industrie automobile, de l'industrie médiatique, de l'industrie tout court, qui tiennent enserrés nos vies, nos esprits, entre leurs mains, entre leurs marques, entre leurs griffes, qui modélisent nos existences, qui nous imposent leurs modèles de réussite, leurs modèles de bonheur. C'est leur échapper.

Prévenir plutôt que guérir, aussi, c'est faire sortir la médecine des murs, des murs de l'hôpital ou des cabinets. L'apporter dans les cités, dans les campagnes, dans les collèges, dans les entreprises, et pas seulement pour des opérations : pour des discussions. Pour détecter les maux avant qu'ils n'empirent. Alors qu'aujourd'hui la médecine du travail, la médecine scolaire ou encore les centres médico-sociaux sont les parents pauvres de la santé, négligés, méprisés, abandonnés.

*

« Ce que révèle d'ores et déjà cette pandémie, c'est que la santé gratuite sans condition de revenu, de parcours ou de profession, notre État-providence ne sont pas des coûts ou des charges, mais des biens précieux, des atouts indispensables quand le destin frappe. »

Ni « je » ni « nous » dans cette longue phrase, pas de sujet, et l'on devine le pourquoi de cette énonciation impersonnelle : Emmanuel Macron veut effacer son aveuglement, sa volontaire cécité, et, en vérité, sa responsabilité. Discrètement, il fait passer son cas personnel pour de l'universel. « Ce que révèle cette pandémie », comme si nous avions besoin, nous, d'une « révélation » ! Comme si notre conscience s'était ouverte avec lui !

Qui l'ignorait, franchement, que la santé est un « bien précieux » ? Qui ne le voyait pas, à part lui et les siens, des billets devant les yeux, une Golden Card sur le cœur ? Lui et son « élite » d'énarques, ses obsédés des « déficits », technocrates, inspecteur des finances, experts-comptables qui ont jivarisé la politique ? Les Français l'ont toujours su, ne l'ont jamais oubliée, cette banalité : « Et la santé, surtout. »

« Ce que révèle cette pandémie », c'est avant tout leur connerie.

ON RÉFLÉCHIT AVEC…

Cynthia Fleury : « Il faut une éthique de l'espérance »

Professeur titulaire de la chaire « Humanités et Santé » au Conservatoire National des Arts et Métiers, Cynthia Fleury est également professeur de philosophie à l'hôpital. C'est original. Je l'avais rencontrée pour ma « mission d'information sur les métiers du lien », et ça faisait partie de ces heures, trop rares, où l'on se surprend à devenir plus intelligent. Comme elle avait publié en urgence un « Tract de crise », intitulé « Répétition générale » je l'ai appelée depuis ma cuisine.

François Ruffin : Tu écris que ce Covid-19 nous offre, je te cite, une « occasion à moindre coût de redécouvrir les bienfaits de la solidarité, de l'État de droit et social combinés »… Il faut « saisir le kairos », dis-tu.

Cynthia Fleury : Oui, la première chose qui m'effraie, c'est que cette crise n'est peut-être qu'une répétition générale pour des épisodes plus terribles. Et la seconde, c'est qu'on passe à côté de cette chance, qu'on n'apprenne pas, qu'on ne transforme pas nos modes de vie, qu'on retourne à la bêtise, la courte vue de l'*Homo economicus*. Là, on est dans le choc, mais déjà l'endormissement futur se profile, avec toutes les mauvaises raisons pour continuer comme avant : on nous expliquera qu'avec la récession ce n'est pas le moment, qu'il y a le feu à l'économie, qu'il faut l'éteindre... Toute la question, c'est la durabilité de notre prise de conscience, la volonté de faire autrement.

F.R. : Qu'est-ce qui pourrait nous éviter ce retour du même, des mêmes ?

C.F. : Des mouvements sociaux, il n'y a pas de secret. Si la pression ne vient pas de la société civile, des citoyens, le *business as usual* des politiques va reprendre la main. Le virage sémantique de Macron ne sera suivi d'aucun effet. D'autant que, pour peser, à côté, il y a la grande boîte noire des multinationales, leurs choix scandaleux et hors de contrôle...

F.R. : Mais à l'hôpital, au moins, est-ce que ça va changer ?

C.F. : Ça éclate aujourd'hui au grand jour, ce tournant gestionnaire à l'hôpital. L'objet de nos structures, ce n'était plus le soin, mais moins de lits, faire de l'activité cotée... Des questions surréalistes qui auparavant n'avaient pas lieu d'être. Il existe déjà, en permanence, le risque d'une « réification » du malade : c'est une personne, certes, mais en vulnérabilité, et on peut la traiter comme un objet, passif. Si, en plus, pour le soignant, on calibre tout, on lui dit : « Vous avez X minutes pour faire ça », on entend ça souvent, chez les infirmiers : « J'arrive, et à cause de l'urgence, à cause des trucs à faire, ça m'empêche d'avoir cette relation qualitative, pensée par moi-même... »

F.R. : C'est-à-dire que les « actes » sont délivrés, les tâches sont effectuées, mais sans gras autour, sans bavardage, sans échange...

C.F. : Voilà, c'est fonctionnel. Et on a en fait deux « réifications » qui se font face, celle du patient, celle du soignant. C'est pour cette raison que, dans les revendications, ils réclament quoi, aujourd'hui ? De la reconnaissance, notamment dans les salaires...

F.R. : ... qui sont très bas en France, notamment pour les infirmières...

C.F. : Oui, mais au-delà, l'essentiel de leur demande, c'est sur les « moyens », sur le « personnel », sur les « conditions de travail », et dès que l'on creuse un peu, dès qu'on les écoute, il faut comprendre : sur le temps. Que leur temps par chambre soit moins compté, que les minutes à discuter avec un alité ne soient pas tenues par le chef comme du « temps perdu »...

F.R. : Chez les auxiliaires de vie sociale aussi, le temps revient... tout le temps ! Que le lever d'une personne âgée, avec la toilette, les volets à ouvrir, le déjeuner à préparer, ne soit pas torché en une demi-heure.

C.F. : Oui, c'est le même souci pour tous ces métiers : que les relations ne soient pas enfermées dans le taylorisme, prisonnières du chronomètre en main. Le temps est manquant, c'est la grande denrée manquante de notre époque, du temps dépend notre survie. Sinon, on risque une sanction, une baisse du pouvoir d'achat, le loyer qu'on peinera à payer.

F.R. : Je reviens à ma question : cette crise peut au moins sauver l'hôpital ?

C.F. : Elle met en lumière les absurdités qu'on lui a imposées. En même temps, attention, il y a comme une ambiguïté : l'hôpital revient à ce qu'il sait le mieux faire, les urgences, l'infectieux. Mais le grand changement épidémiologique à affronter, dans la durée, c'est le chronique, qui est passé devant l'aigu. C'est comme ça partout dans le monde, Nord, Sud. Ça change tout. Vous avez des personnes malades à vie. Même le cancer devient chronique. Mais ça, les médecins ne savent pas faire.

On a des chiffres intéressants : le jour où un patient apprend sa rémission, en théorie, il est guéri. Et pourtant, dans les deux ans, plus de 55 % vont avoir une dépression. Il y a donc un problème de soin. L'oncologue ne sait pas faire ça, c'est un mystère pour lui, ou même ça n'existe pas. Le patient est guéri, et il déprime ! Les familles explosent ! Un tiers perdent leur travail, ils sont virés, ils démissionnent, on ne sait pas, on ne comprend pas. Pourquoi ? Quand on étudie ça, on se rend compte qu'il y a six dimensions dans le rétablissement. Une seule est médicale, les autres sont familiales, culturelles, sociales, etc. En France, en clinique de rétablissement, il y a un post-soin qui n'est pas fait. Et ce soin-là, l'oncologue ne peut pas l'apporter, ce n'est pas son travail. C'est pour des nouveaux métiers, à l'hôpital et en dehors.

En revanche, tout ça ne supporte pas l'absence de qualité, et l'absence de quantitatif, donc on se retrouve avec des gens qu'on voit, dans le meilleur des cas, une heure par semaine, plutôt une heure par mois, voire une heure tous les six mois...

F.R. : Le temps, toujours. Il me semble, moi aussi, que le temps est au cœur de la bataille sociale. C'est le cas, au fond, depuis le XIXe siècle. Lentement, par étape, le travailleur a libéré du temps, le repos dominical, le samedi à l'anglaise, les quarante heures, les congés payés, et bien sûr la retraite. Là, le balancier est parti en marche arrière. Avant la crise du Covid-19, ils allaient pour la énième fois repousser la retraite. Et maintenant, ils avancent des pions pour revenir sur les RTT, des jours fériés, les vacances même... Alors que Keynes pariait que, à la fin du XXe siècle, on travaillerait moins de 20 heures par semaine, que nos besoins économiques seraient satisfaits, qu'on pourrait passer aux choses sérieuses.

C.F. : C'est le seul idéal viable. On l'a détruit, parce qu'on est entrés dans une société de prédation. « Croissance », ce mot n'a plus de sens aujourd'hui, il faut dire « prédation », à la fois sur la matière et sur l'homme. Je suis très attachée à la *skholè*, la « vacance » en grec, qui a donné l'école, la *schola*. Je disais à mes élèves : « Ne travaillez pas, parce que vous avez la chance d'apprendre. C'est très différent, vous êtes ici véritablement parce que vous êtes libres. On vous a donné une vacance, et cette vacance, vous la dédiez à l'apprentissage. C'est la base de la vie. » D'un côté, tu as la survie, de l'autre la *skholè*, une respiration.

F.R. : Mais pourquoi... j'ai mes explications, économiques, politiques, mais je voudrais t'entendre, toi... pourquoi ce retour en arrière sur le travail de nuit, le travail du dimanche, qui se banalisent ?

C.F. : Parce que c'est une conquête toute récente, et que ce n'est absolument pas la vérité de l'histoire. La vérité de l'histoire, c'est la captation du travail des plus faibles. Les deux guerres mondiales, la double hécatombe, physique et morale, de Hiroshima et d'Auschwitz, ont produit un effet régulateur terrible. C'est une parenthèse qui se referme.

F.R. : La « vérité de l'histoire », alors, comme tu dis, c'est que ça va mal... On a devant nous les formidables puissances de la finance... Une catastrophe écologique s'annonce...

C.F. : ... et pourtant, il faut une éthique de l'espérance.

F.R. : C'est quoi, ça ?

C.F. :À l'inverse, je vais te demander : « Dis-moi ce qu'est une éthique des passions tristes ? » C'est très compliqué. Je suis perplexe quant à son efficacité de mobilisation : quand tu es persuadé que le pire est à venir, que le désenchantement est la seule clé du monde, produire une éthique, je ne prétends pas que c'est impossible, mais c'est extrêmement compliqué... Il existe une sorte de « dynamo intime », qui relie courage et confiance. La confrontation avec le malheur, qui est une vérité, que nul ne peut nier, mais le découragement permanent, la lassitude mélancolique, produisent de l'érosion chez l'individu. C'est totalement abrasif comment sentiment. Et donc, il est parfois important d'avoir une sorte de voile, non pas qui t'illusionne, mais qui te focalise sur un point où tu vas pouvoir t'appuyer, même si bien évidemment il est insuffisant. Mais tu t'appuies là-dessus, et tu sublimes ça, car il faut que tu tiennes. Toutes les émotions n'ont pas la même capacité de « levier », d'appui. Nous avons besoin, pour conduire nos existences collective et individuelle, de symbolisation, de sublimation, d'une espérance.

POUVOIR

« Les faiblesses de nos démocraties »

THUCYDIDE

Murielle, enseignante, Oise

« Rappelons cette définition de la démocratie proposée par Thucydide : « Nous sommes les seuls à penser qu'un homme ne se mêlant pas de politique mérite de passer, non pour un citoyen paisible, mais pour un citoyen inutile. »

« Bonjour, la cérémonie est terminée. » C'est un médecin qui m'écrit, on le prénommera Louis (il ne veut pas d'ennuis), depuis l'hôpital de Compiègne. Son collègue, l'urgentiste Jean-Jacques Razafindranazy, docteur à la retraite, revenu pour prêter main-forte, vient de tomber sur le front du Covid-19. « Dix minutes de silence absolu. Les sirènes ont ensuite retenti dans toute la ville au loin. Nos applaudissements leur ont fait écho. Les médias étaient là. On ne les voyait pas dans notre bulle. Eux nous filmaient, caméra au poing, masque FFP2 sur le nez : les soignants avec un simple masque chirurgical, ou sans… »

Louis m'offre ainsi son compte-rendu quotidien depuis le samedi 29 février. L'Oise était alors le premier foyer recensé. À mon petit étonnement, la vie se poursuivait normalement : mon train Amiens-Paris s'arrêtait, comme d'habitude, en gare de Creil, et comme d'habitude il chargeait ses centaines de voyageurs, on matait en coin les toussoteurs, on surveillait un peu où nos mains se posaient, mais les convois circulaient comme si de rien n'était, comme si on ne risquait pas d'importer cette cochonnerie dans la capitale. Le bon sens me titillait, m'enfin, qui étais-je pour douter des consignes ? Et puis, donc, je recevais l'appel, tourmenté, de ce médecin, dans l'œil du cyclone, lui : « Le pays ne se prépare pas. Mes collègues ne comprennent pas, moi non plus : même dans les villes alentour, les écoles, les piscines sont ouvertes, très peu de confinement. On est catastrophés… » Et de me livrer ce récit : « Il y a quinze jours, le 16, on a reçu un patient en détresse respiratoire. Comme on n'avait pas de place en pneumo, on l'a mis en endocrino. Il travaille sur la base militaire de Creil, alors on lui a demandé : "Est-ce que vous avez été en contact avec les rapatriés de Wuhan ? – Non, pas du tout." Bon, donc ce n'est pas le Covid-19, on se dit. Mais, trois jours plus tard, son état se dégrade, on l'intube et, finalement, le 25, il est testé positif. On a dû le transférer en réanimation à Amiens. Là, sa femme a craqué : "Si, en fait, il a croisé les rapatriés, mais on lui a demandé de se taire." L'armée, ça reste la Grande Muette… Parce qu'ils sentent la boulette : en voulant protéger des Français de l'étranger, ils ont peut-être participé à l'importation du virus. C'est une hypothèse. En tout cas, les militaires n'ont été ni testés ni confinés… Du coup, nous, à cause de son silence, pendant neuf jours, on ne s'est pas protégés, on ne l'a pas mis en chambre isolée. Résultat, on a recensé 95 contacts dans l'établissement ! 95 porteurs potentiels ! Des dizaines de soignants se retrouvent en arrêt de travail, en pleine épidémie… »

Ce praticien me remettait son petit paquet d'inquiétude.

Mais qu'en faire ?

Où le porter ?

Dès le mardi 25 février, une généraliste de mon quartier m'adressait ce courriel : « Je suis stupéfaite de la situation concernant la possible épidémie de coronavirus. En effet, nous, soignants de première ligne aux salles d'attente bondées, n'avons pas été approvisionnés en matériel de protection, que ce soit pour nous-mêmes ou pour nos patients. Et les pharmacies et fournisseurs sont en rupture de stock. Nos cabinets sont en passe de devenir de véritables réservoirs à virus et lieux de contamination. Je sais bien que vous n'êtes malheureusement pas ministre de la Santé, mais j'ai espoir que vous puissiez faire passer le message… »

Les médecins d'en bas avaient trois temps d'avance sur les autorités d'en haut. Mais où, où le passer, ce message ?

*

« Il nous faudra demain [...] interroger les faiblesses de nos démocraties. »

C'est allusif.

La remarque tombe de nulle part, au milieu du discours présidentiel, entre « l'urgence de protéger nos compatriotes les plus vulnérables » et la « France unie, notre meilleur atout dans la période troublée ». La « démocratie » pointe le bout de son nez, en cinq mots, « les faiblesses de nos démocraties », et, à peine mentionnée, même pas encore « interrogée », elle repart sur la pointe des pieds, un programme philosophique qu'on se réserve pour « demain ».

On en reste donc, pour l'instant, à ce sous-entendu. Que l'on comprend à demi-mot : « La Chine, elle, en cas de crise, peut réagir avec plus de rapidité, plus d'autorité. Tandis que l'Italie, l'Allemagne, la France, nos pays complexes, répondent avec trop de lenteur, moins de vigueur. » Voilà le sous-texte. Que l'on décrypte, que l'on devine.

Je crois tout l'inverse.

La crise sanitaire, aujourd'hui, est avant tout une crise démocratique.

Pour saisir ce lien, profond, puissant, il faut en revenir à la chronologie.

« Emmanuel Macron s'est rendu vendredi soir en compagnie de son épouse au théâtre Antoine pour assister à une représentation de *Par le bout du nez*. Objectif : inciter les Français à continuer de sortir malgré l'épidémie de coronavirus: "La vie continue. Il n'y a aucune raison, mis à part pour les populations fragilisées, de modifier nos habitudes de sortie", a-t-il déclaré.» On est alors le vendredi 6 mars. Et telle est la doctrine en cours, qui rappelle les temps de «Je suis Charlie»: aller au théâtre est un acte de courage, de résistance, face aux terroristes comme face au virus.

Le mercredi 11 mars, d'ailleurs, devant la tour Eiffel, à l'occasion de la première journée nationale d'hommage aux victimes du terrorisme, le chef de l'État lie les deux causes, manifestement. Un tweet de l'Élysée résume son propos: «Nous ne renoncerons à rien. Surtout pas à rire, à chanter, à penser, à aimer. Surtout pas aux terrasses, aux salles de concert, aux fêtes de soir d'été.»

Voilà la consigne: sortez!

Et le lendemain, on le sait, virage à 180°, un vrai looping: restez chez vous! La fermeture des écoles, des collèges, des lycées, des universités est annoncée. Et bientôt des bars, des restaurants, des commerces. Et ensuite le confinement généralisé, travail excepté. Pourquoi? Parce que, d'un coup, le chef de l'État a réuni son conseil scientifique, qui a soufflé un vent de panique.

Le déroulé de cette journée, de ce jeudi 12 mars, est en lui-même stupéfiant. Le matin, Édouard Philippe reçoit les chefs de parti à Matignon et ne leur dit rien de ce virage, rien de la possible annulation des élections, et à vrai dire il ne leur dit rien. Pourquoi ? Non pas parce qu'il cache des éléments, mais parce que lui-même, Premier ministre, les ignore ! Le gouvernement et son chef ne sont pas au courant ! D'ailleurs, le ministre de l'Éducation, Jean-Michel Blanquer, le certifie à l'antenne de France Info : « Nous n'avons jamais envisagé la fermeture totale des écoles, car elle nous semble contre-productive. Ce n'est pas la stratégie adoptée. » Il est démenti le soir même : la « stratégie adoptée » a varié du tout au tout, en quelques heures, par le choix d'un homme.

On se croirait dans ce jeu pour enfant, « Jacques a dit ». Emmanuel a dit : « Sortez ! », et l'on doit sortir. Emmanuel a dit : « Enfermez-vous ! », et l'on s'enferme. Voilà qui illustre à merveille le « despotisme », comme le définissait Montesquieu : ce « régime où un seul entraîne tout par sa volonté et par ses caprices ». Le despote peut être « éclairé », sa « volonté » opportune. Il n'empêche, cela laisse un goût amer dans la bouche de n'être toujours pas des « citoyens », mais des « sujets obéissants », un peu de honte, au fond de l'âme, qu'on se laisse traiter ainsi, maltraiter, comme des jouets entre les mains des gouvernants.

Cette panne démocratique, ce despotisme doux, nous le payons aujourd'hui.

« Le 11 janvier, confie a posteriori Agnès Buzyn, ministre de la Santé, j'ai envoyé un message au président sur la situation. » Mais sur le bureau élyséen, semble-t-il, le dossier n'est pas sur le dessus de la pile, recouvert par les retraites, par les municipales… « Le 30 janvier, poursuit l'ancienne ministre, j'ai averti Édouard Philippe que les élections ne pourraient sans doute pas se tenir. Je rongeais mon frein. »Tandis qu'au Parlement, dans les médias, elle répète que « le risque d'importation depuis Wuhan est quasi nul », que « les risques de propagation du virus dans la population sont très faibles », que le coronavirus semble « très contagieux, mais moins grave que ce que nous pensions au départ », que « les établissements de santé sont préparés, comme le prouve la prise en charge des premiers cas », tandis qu'elle profère en public ces demi-mensonges, elle se montre plus angoissée en privé : « Quand j'ai quitté le ministère, je pleurais parce que je savais que la vague du tsunami était devant nous. » Le récit, dans la presse, se borne à un huis clos, un cercle très restreint, le ménage à trois Macron-Buzyn-Philippe, leurs échanges, leurs hésitations. Voilà, je crains, qui reflète une vérité : oui, notre destin est laissé entre les mains de quelques-uns. La politique, cette « vie de la cité », nous en sommes dépossédés, nous n'y assistons que comme les spectateurs d'une tragi-comédie, « tout va bien », « ayez confiance », « rassurez-vous », peuple d'enfants qu'il faut endormir le soir. Et le lendemain, soudain, ouh ouh, voilà le grand méchant loup, le virus est agité comme un monstre, « nous sommes en guerre ».

Et pourtant.

Notre France compte une intelligence énorme, d'infectiologues, de sinologues, d'épidémiologistes, d'ambassadeurs, d'anthropologues, de journalistes scientifiques, de chercheurs en tout genre, de statisticiens, d'agences régionales de santé, de responsables d'ONG, de grands reporters, de médecins, de parlementaires, pourquoi pas, de ministres même, de patrons de labo, je veux bien tout compter, n'exclure personne. À quel moment, observant Wuhan, puis l'Italie, puis l'Oise, à quel moment les a-t-on réunis ? À quel moment a-t-on fait appel à leurs neurones, à leurs idées, devant les Français, ou devant leurs représentants, pour se préparer au mieux ? Pour prévenir le pire ? Pour forger des outils ?

Où fut discutée, notamment, la stratégie chinoise, ou sud-coréenne, reposant sur le « dépistage » et le « traçage » ? « La Chine, écrit la revue *Science*, a mis en place une politique de tests généralisés de la température corporelle des individus à l'aide de thermomètres infrarouges, jusqu'à arrêter systématiquement les voitures pour de tels tests... En parallèle, toute la population des foyers de contagion est sommée de porter des masques... Les tests de dépistage sont réalisés en quatre heures... En complément, on réalise des scans rapides qui permettent de mettre en évidence les opacités pulmonaires qui sont considérées comme des signes cliniques de la maladie.

Chaque scanner en effectue jusqu'à 200 par jour (5 à 10 minutes par examen)... Chaque fois qu'un agrégat [*cluster*] est identifié, on ferme les écoles, théâtres et restaurants, on confine les personnes-contacts. Seule la métropole de Wuhan, où est née l'épidémie, est placée en confinement total... » Où fut examiné le rapport de l'Organisation mondiale de la santé publié le vendredi 28 février ? « Ces mesures prises en Chine sont les seules à l'heure actuelle qui ont prouvé qu'elles pouvaient interrompre ou minimiser les chaînes de transmission chez les humains. Au fondement de ces mesures est la surveillance extrêmement proactive, afin de détecter immédiatement les cas, de procéder à des diagnostics très rapides et à un isolement immédiat des patients positifs, au traçage rigoureux et à la mise en quarantaine des contacts proches. » Où fut débattue l'étendue du confinement ? Général, ou plus chirurgical, plus local, dans les régions les plus touchées, pour les publics « à risque » ?

Où ?

Nulle part.

Jamais.

Jamais, jamais de débat à l'Assemblée, ni au Sénat, ni même à la télévision. Aucune institution, aucune, pour offrir une réflexion croisant les disciplines, mêlant l'Oise et la Chine, la théorie et le terrain, les experts virologues et les profanes dans mon genre. Aucun lieu pour avancer vers un diagnostic commun.

Et à quoi serviraient-ils, au fond, ces lieux, sans l'oreille du souverain ? C'est comme si toute cette science, toutes ces connaissances étaient stérilisées. Comme si le corps du pays, le corps social, n'était pas vivant, mais gelé, passif, suspendu aux lèvres du seul personnage qui « entraîne tout par sa volonté », le chef, la « tête ». La tête qui pense et décide pour tous, mission terrible, mission impossible, comme s'il devait tout voir, tout savoir, en un exercice du pouvoir plus isolé, si ça se trouve, plus solitaire, que le comité permanent du Parti communiste chinois. Et quand d'un coup le message monte à la tête, à la tête de l'État, c'est comme un alcool fort : nous voilà soudainement « en guerre », la Nation doit se mettre au diapason, versant illico de l'insouciance à la psychose…

Le pouvoir joue alors sur la peur, qui envahit les cœurs. Il dramatise. Il théâtralise. Et ce virus, un virus malin, inconnu, bizarre, sournois, c'est vrai, mais qu'on pouvait combattre avec des tests, des masques, des respirateurs, des lits d'hôpital, ce virus distille une semi-parano, installe la panique chez les plus fragiles.

*

Sur la devanture du Bistro du parc, l'affichette du *Courrier picard* m'a arrêté : « Tests. Les laboratoires privés s'y mettent. » Eh bien, j'ai songé, il était temps !

Nous étions le vendredi 3 avril, confinés depuis deux semaines et demie déjà, avec le virus dans les parages depuis deux mois, et donc, comme le titrait le quotidien: «Le dépistage a commencé au laboratoire». «“Aujourd'hui, nous en sommes à environ deux cents tests depuis le début”, résume le médecin biologiste, qui compte augmenter la cadence en attendant que les pouvoirs publics décident une montée en puissance du dépistage.» Mais les «pouvoirs publics» attendaient quoi, pour une «montée en puissance»?

C'était la clé de voûte, pourtant, les tests: le confinement de toute la population, et non des seuls malades, relevait du pis-aller, sans progrès depuis la peste du Moyen Âge, le choléra du XIXe... Mais comment confiner les seuls malades quand on ignore, justement, qui est malade? Quand les médecins ne peuvent pas tester les patients? Quand, dans les Ehpad, les personnes âgées ne sont pas dépistées? Quand même aux urgences, faute de «kits», on se borne à deviner des symptômes?

«Nous avons un message simple à tous les pays: testez, testez, testez les gens!» exhortait le patron de l'Organisation mondiale de la santé. Malgré ce conseil, notre gouvernement, lui, transformait son impuissance en théorie: «Quant à la question des tests, expliquait le Premier ministre, nous avons élaboré une doctrine. Au stade 3, il ne servirait désormais à rien de tester tout le monde, préventivement ou en fonction des symptômes, car cela emboliserait nos capacités d'analyse et ne nous permettrait donc pas de réagir assez rapidement là où c'est absolument nécessaire.» Et tout en prétendant, c'est du Olivier Véran, que son ministère «applique scrupuleusement les recommandations de l'OMS»…

Dans la foulée, ce même 3 avril, *Le Point* livrait cette information hallucinante: «Comment la France se prive de 150 000 à 300 000 tests par semaine.» Je recopie largement:

> «Les biologistes médicaux sont des gens polis. Lorsque *Le Point* les a contactés il y a 10 jours, ils ont hésité à parler. "Nous sommes en contact avec le gouvernement, la situation va forcément se débloquer…" Et puis? Et puis rien. Silence radio. Un silence "incompréhensible", pour plusieurs directeurs de laboratoires départementaux.
>
> Lorsqu'ils entendent, le 12 mars, Emmanuel Macron appeler à la mobilisation générale, les acteurs de l'analyse vétérinaire se lancent dans un recensement de leurs "troupes". Soixante-quinze laboratoires d'analyses départementaux maillent le territoire. Du personnel de pointe, formé et compétent, est disponible pour réaliser les tests. Des chaînes capables de travailler à grande échelle sont opérationnelles. Et des fournisseurs, capables de pallier, en partie, la pénurie de réactifs. Une proposition est adressée par mail dès le 15 mars au directeur

général de la Santé, Jérôme Salomon. Quelques jours plus tard, les professionnels ont établi leur plan : les laboratoires départementaux pourraient réaliser, sous un délai de 15 jours, entre 150 000 et 300 000 tests PCR par semaine. Et ils sont outillés pour traiter en masse les tests sérologiques à venir, éléments clés de la sortie de confinement, qui permettront de déterminer quelle population est immunisée.

"On nous répète, depuis, que le dossier est à l'étude", se lamentent différents acteurs. L'explication (parcellaire) fournie jusqu'à présent par les services d'Olivier Véran, qui refusent de répondre aux questions, tient en une formule sibylline, répétée hier encore par le Premier ministre : "C'est à l'étude. Nous avons des normes réglementaires à respecter." Mais quelles normes ? Curieusement, elles n'embarrassent ni les Allemands, ni les Belges, ni les Espagnols, qui mobilisent d'ores et déjà toutes les ressources disponibles. Et, chaque jour qui passe, les possibilités d'action se réduisent. Chaque jour qui passe, les stocks de réactifs s'écoulent lentement : "Nous les avons vendus à ceux qui en ont fait la demande, en Allemagne notamment. C'est incompréhensible…" »

Un voisin allemand qui, lui, testait 500 000 personnes par semaine et visait les 200 000 par jour… On finirait par élaborer une nouvelle nouvelle « doctrine », tout en affirmant avec de longues phrases et des mots bien pesés qu'elle n'avait « pas changé », que c'était au contraire les « connaissances scientifiques » qui avaient « évolué », etc.

On avait perdu trois semaines, au moins, trois semaines de confinement. Et pour ce revirement, comme pour le reste, il avait fallu le « feu vert présidentiel ».

J'ai décrit, déjà, dans un précédent chapitre, la séquence « congé pour deuil » à l'Assemblée, le cynisme à nu. Mais autre chose transpirait durant cette matinée : on ressentait, à chaque minute, une paralysie, une paralysie du pouvoir. Tous, toutes, les députés de la majorité, l'éprouvaient bien, sentaient que ça clochait, que leur position était intenable, moralement intenable, un malaise palpable, la voix de Muriel Pénicaud chevrotait, bafouillait, mais c'est comme si personne, ni la ministre, ni les parlementaires, n'osait changer de cap. Comme s'ils n'étaient pas autorisés, n'avaient pas autorité. Comme s'ils attendaient l'ordre d'en haut et que, sans ça, ils n'osaient pas bouger, craignaient de désobéir, s'interdisaient toute initiative, toute réflexion, toute personnalité propre, comme si eux devaient s'effacer.

C'est pour moi la même histoire.

La même histoire que les tests.

« Quand, dans un royaume, dixit Montesquieu, toujours, il y a plus d'avantages à faire sa cour qu'à faire son devoir, tout est perdu… » Et c'est comme si les hauts fonctionnaires, et les petits à leur suite, tout un État, tout un gouvernement, tout un Parlement, faisaient leur cour : qu'en pensera le souverain ?

« La présidentialisation a renforcé la soumission des ministres et de l'administration, analysait pour ma radio-cuisine l'historien Patrick Weil. Un seul polytechnicien a rejoint la Commune, Louis Rossel, colonel dans l'armée, ensuite fusillé à 27 ans. Il n'acceptait pas la défaite contre la Prusse, il voulait résister. Auparavant, il avait écrit un livre extraordinaire, sur l'art de la guerre. D'après lui, Napoléon a gagné ses premières batailles parce qu'il a hérité d'une armée républicaine où les généraux avaient l'initiative. Ils n'étaient pas soumis à un chef. Ils ne demandaient pas l'autorisation à Napoléon pour chaque mouvement. Et, progressivement, alors qu'il imposait son pouvoir autoritaire, il a perdu la capacité que lui donnait cette armée républicaine. Eh bien, je dirai qu'aujourd'hui l'État français, trop centralisé, trop rattaché à une seule personne, a lui aussi perdu cette capacité d'innovation, de créativité, de réaction. Et ça lui manque. »

Ce n'est pas simplement le centralisme parisien, mais élyséen : tout remonte là-haut, tout là-haut, et, dans la « guerre » en cours, ça fait comme une embolie, un embouteillage au sommet. Tout « mouvement » doit être autorisé.

Alors, oui, cette crise sanitaire révèle une crise démocratique, et même une crise de la République.

Cette Ve République, certes, Emmanuel Macron ne l'a pas choisie. Mais plutôt que de la tempérer, de la corriger, il l'exagère encore, pousse la démesure jusqu'à la boursouflure, se prenant tantôt pour « la figure du roi absent », tantôt pour « quelque chose de napoléonien », quand ce n'est pas pour « Jupiter », s'en vantant, en jouissant.

« J'assume totalement la verticalité du pouvoir », se flatte-t-il. Dans le même entretien à la NRF, il dit « haïr l'exercice consistant à expliquer les leviers d'une décision ». Il s'agace un peu devant le temps consacré à la « délibération », c'est-à-dire au débat démocratique : « Il faut faire attention qu'il ne devienne pas de l'indéterminé. Le délibératif est une phase transitoire. » Même le libéral *L'Opinion* commente : « Cet entretien s'inscrit dans la vision monarchique… » Et ses propos d'aujourd'hui sur « les faiblesses de nos démocraties » s'inscrivent, tacitement, implicitement, dans la même vision. Dans une vision qui, au fond, estime que la démocratie se porte mieux sans le peuple…

*

D'ailleurs.

Le samedi 29 février, dans l'après-midi, un Conseil des ministres « spécial Covid-19 » se réunissait à Matignon. Dans la foulée, le Premier ministre surgissait dans l'hémicycle, mais pas vraiment pour nous informer des mesures en cours, pas pour nous alerter sur le rapport, crucial, de l'OMS publié la veille. Non, grimpant à la tribune, Édouard Philippe avait une autre urgence : « Depuis la fin du mois de janvier, l'Assemblée nationale examine le projet de loi instituant un système universel de retraite. Conformément à l'article 49, alinéa 3 de la Constitution de 1958, et après en avoir obtenu l'autorisation du Conseil des ministres du 29 février… » Cette loi serait donc adoptée sans un débat complet à l'Assemblée, sans même un vote des députés.

Déjà oublié, ce 49.3 a scandalisé, soit. Il n'était pourtant que le clou du one man show, en bon français, d'un seul en scène, très seul en scène, toujours plus seul. Seul contre la rue. Seul contre les avocats et les danseuses de l'Opéra, seul contre les hospitaliers et les ouvriers. Seul contre la droite, seul contre la gauche. Seul, évidemment, contre les syndicats, mais, plus surprenant, seul contre le Conseil d'État : « Une étude d'impact insuffisante… Des projections financières lacunaires… Un flou sur l'âge de départ à la retraite, sur le taux d'emploi des seniors, sur les dépenses d'assurance chômage… » La plus haute juridiction administrative française rendait cet avis, fort sévère. Elle jugeait – je la cite – la « situation d'autant plus regrettable qu'il s'agit d'une réforme inédite depuis 1945 et destinée à transformer pour les décennies à venir l'une des composantes majeures du contrat social ».

Seul, donc, contre les corps intermédiaires, seul contre les classes populaires. Et au bout du bout, surtout, seul contre les Français, des Français qui, dans les sondages, malgré les grèves et les blocages, malgré la pé-da-go-gie, demeuraient aux deux tiers hostiles.

Ça faisait pas mal d'oppositions, quand même, à l'arrivée.

Ça laissait peu d'alliés.

Mais assez.

Face aux manifs, la police, déjà.

Et une majorité, pléthorique, automatique, à l'Assemblée.

Le gouvernement passerait en force, avec les lacrymos et les LBD dans la rue, avec la « procédure accélérée » au Parlement. Les mêmes qui, durant leur campagne, promettaient d'« écouter la société civile », la brutalisaient à tout-va. C'est ainsi qu'ils « renouvelaient la politique ».

Et pourquoi tout ça ? Pour le caprice d'un prince, pour une lubie.

Depuis l'automne, à la tribune comme en studio, je m'interrogeais à voix haute : « Des études montrent que, d'ici à 2030, l'île d'Oléron serait sous les eaux, tout comme le Marais poitevin, que Niort sera une ville côtière… Dans mon coin, la mer remonterait jusqu'à Abbeville… Et là, on est en train de se déchirer sur quoi ? Sur un déficit de 7 milliards à l'horizon 2027 ? On divise les Français sur ce sujet, on provoque des mois de bagarres sur les boulevards… Quelle perte d'énergie ! Comme si nous n'avions pas des défis bien plus terribles à relever ! »

Nous n'avons pas attendu 2030 et l'île d'Oléron, finalement. Le corona nous a remis les pieds sur terre, vers des enjeux autres que budgétaires. Mais cette absurdité était évidente, d'emblée : nous devons convertir notre agriculture, nos transports, notre énergie, notre industrie, nos logements, et l'on débat de quoi ? De la retraite à points ! C'était tellement minuscule, tellement ridicule, comparé au gigantisme de notre tâche : nous vivons la fonte des glaces, l'extinction des espèces, le genre humain est menacé, et quel horizon nous propose le dirigeant de la sixième puissance économique mondiale ? Aucun, une ambition digne d'un chef comptable, pas d'un chef d'État.

Emmanuel Macron s'est néanmoins obstiné, seul contre tous : l'erreur est humaine, l'orgueil aussi. Notre malheur, sa source ne vient pas de lui, mais d'en dehors de lui : de l'absence d'institutions pour tempérer, limiter et si besoin arrêter sa puissance.

« C'est une expérience éternelle, nous prévenait Montesquieu, que tout homme qui a du pouvoir est porté à en abuser : il va jusqu'à ce qu'il trouve des limites. » Et encore : « Pour qu'on ne puisse abuser du pouvoir, il faut que, par la disposition des choses, le pouvoir arrête le pouvoir. » Et toujours : « La raison pourquoi la plupart des gouvernements de la Terre sont despotiques, c'est que cela se fait tout seul... » Et, si besoin : « Lorsque, dans la même personne ou dans le même corps de magistrature, la puissance législative est réunie à la puissance exécutrice, il n'y a point de liberté... »

Quelle ironie ! Dans la cour de l'Assemblée, devant l'hôtel de Lassay, trône sa statue, à Montesquieu. Le pauvre ! Un éternel calvaire ! L'homme des Lumières doit se retourner dans son bloc de pierre ! Lui, le penseur de la « séparation des pouvoirs »... Chaque jour, sous ses yeux, le Parlement se fait la chambre d'enregistrement des désirs du président, et lui assiste à ça. Il voit au premier rang la démocratie, sinon abolie, du moins rétrécie, amoindrie, avachie, et consentant à son écrasement.

*

Crisis of Democracy. Je cite souvent ce rapport, publié en 1975, de la Commission trilatérale, qui réunissait, qui réunit toujours, les élites dirigeantes japonaises, américaines, européennes.

Crise de la démocratie, donc. Ou plutôt « crise de démocratie ». Parce que le problème, d'après ces experts, c'est qu'on avait trop de démocratie. Il fallait, bon, peut-être pas s'en débarrasser, mais calmer tout ça. Samuel Huntington, plus tard inventeur du « choc des civilisations », énonçait ainsi :

« Ce qui est nécessaire est un degré plus grand de modération dans la démocratie. Le bon fonctionnement d'un système politique démocratique requiert habituellement une certaine mesure d'apathie et de non-engagement d'une partie des individus et des groupes. » Et le souci, donc, dans ces années 1960, 1970, c'est que les « individus » et les « groupes » s'engageaient, que le peuple prenait au sérieux la démocratie.

Les élites, aujourd'hui, poussent le bouchon plus loin que cette seule « apathie politique ». Christophe Barbier, rédacteur en chef de *L'Express*, recommande un nouveau traité européen, mais puisque « les peuples ne valideront jamais un tel traité, un putsch légitime est nécessaire ». James Lovelock, scientifique influent, nous avise : « Face à la crise écologique, il peut être nécessaire de mettre la démocratie de côté pour un moment. » George Steiner, essayiste, esquisse : « Il est concevable que la solution dans les grandes crises économiques soit une solution à la chinoise, technocratique. Que nous évoluions vers un despotisme libéral. Ce n'est pas un oxymore. Il reviendra peut-être à des despotismes technologiques d'affronter les grandes crises qui dépassent les systèmes libéraux traditionnels. »

Mieux vaut, pour l'instant, le faire sans le dire.
Ou à demi-mot.
Discrètement.

Avec une élite qui, depuis près de quatre décennies, au fond, dirige contre le peuple, contre ses intentions profondes. Une date clé cristallise ce divorce, profond, durable : le dimanche 29 mai 2005. À 55 %, les Français rejetaient le Traité constitutionnel européen : 80 % des ouvriers, 71 % des chômeurs, 67 % des employés répondaient « non ». « Non » à la « concurrence libre et non faussée », « non » à la « libre circulation des capitaux et des marchandises, y compris avec les pays tiers ». C'était un sondage grandeur nature sur la politique qui se menait en France depuis vingt ans déjà, et qui se mène encore depuis, inchangée. Les dirigeants européens se sont assis sur ce scrutin, n'en tirant qu'une seule leçon : nous n'irons plus aux urnes.

La « Constitution européenne » en a fait les frais. Mais qui croit, en toute franchise, que les Français auraient ratifié l'élargissement européen aux pays de l'Est et à leur main-d'œuvre à bas coût ? Ou qu'ils auraient approuvé les différents accords du Gatt, l'Uruguay Round, par exemple, qui fait entrer l'agriculture dans la grande lessiveuse de la mondialisation ? Ou, dernièrement, entre le Canada et l'Europe, le Comprehensive Economic and Trade Agreement, avec son bœuf nourri aux farines animales produites à partir d'os broyés, de sang d'animaux déshydraté, de poils hydrolysés ? Quel dirigeant peut nous regarder droit dans les yeux à la télé et affirmer : « Je suis convaincu que ces choix répondent aux aspirations des Français » ? Ils le savent. Ils le savent, que toutes ces décisions se sont prises malgré nous, contre nous, dans notre dos, ou, à la limite, avec notre acceptation fataliste, jamais par la volonté de notre peuple.

À chaque usine qui fuyait vers la Slovaquie ou la Chine, de jeans, de canapés, de lave-linge, de pneumatiques, qu'importe, le réflexe populaire, d'emblée, était le refus, voire la révolte : qu'on garde ça ici, les emplois, le savoir-faire, les impôts... Et de même pour le gaz et l'électricité, pour les télécoms et les autoroutes, désormais pour la Française des jeux et les Aéroports de Paris : le réflexe, toujours, c'était de garder les biens de la Nation, pas seulement par socialisme, par conservatisme aussi, par patriotisme, tout cela un peu mêlé. Et, là encore, les dirigeants le savaient : jamais ils ne se sont hasardés à un référendum... De même, enfin, pour l'hôpital. Qu'on les ait questionnés, les Français, et qui, quel ministre, parie, met sa main à couper, que ses concitoyens auraient approuvé ? « Oh oui, fermez des maternités ! Des services de proximité ! Des lits par milliers ! » Et que les électeurs auraient, comme nos décideurs, élevé la « réduction des déficits » et les « 3 % de Maastricht » au rang de vaches sacrées ?

Voilà le lien le plus évident entre crise sanitaire et crise démocratique : on l'aurait écouté davantage, le *demos*, ou, en moins grec, le « bon sens », le « sens commun », que jamais les masques, et les surblouses, et les médicaments, n'auraient déménagé en Asie, à l'autre bout du monde. Jamais non plus les urgences ne se seraient retrouvées à nu, désossées.

Une « folie », nous dit Macron aujourd'hui. Mais qui l'a mise en œuvre, cette « folie » ? Lui et les siens, au nom de la « rationalité économique », la Raison des Lumières réduite à cela, à un tableau bénéfices/coûts en dollars. Et qui a tenté de la freiner, cette « folie » ? Le *demos*, qui a renâclé à chaque « réforme », d'un décembre 1995 à un hiver en jaune. Des foules « irrationnelles », d'après nos bien-pensants, « le démon du demos », la « démagogie » et le « populisme » à l'œuvre...

Les fous étaient au pouvoir, des fous en costume, des fous aux mots bien lisses, mais des fous, et ils criaient au fou !

« Courage », « courageux », « des réformes courageuses ».

Ce syntagme condense, pour moi, le conflit, latent, permanent, entre ces dirigeants et le peuple.

« Des réformes ambitieuses et courageuses » : c'est ainsi que le Fonds monétaire international saluait, à l'été 2017, les premiers pas d'Emmanuel Macron au pouvoir, et notamment sa loi Travail.

Après la suppression de l'ISF, l'OCDE ne disait pas mieux : « Le gouvernement a entrepris des réformes courageuses pour stimuler l'activité économique. » Une « réforme courageuse de la fiscalité », renchérissait

Le Figaro. Pour la formation professionnelle, *Paris-Match* innove : « Le président Macron et son bras armé, Muriel Pénicaud, entreprennent une réforme courageuse. » Quant à l'assurance-chômage, *Les Échos* louent « une réforme courageuse ». Sur le « nouveau pacte ferroviaire », les Marcheurs s'étaient donné le mot : « une réforme courageuse et équilibrée ». Sur le travail du dimanche, « Emmanuel Macron porte une réforme courageuse », commentait *Le Monde.* Enfin, évidemment, à tout seigneur tout honneur : que dire des retraites ? « Le gouvernement mène une réforme courageuse », déclarait Emmanuel Macron *himself.*

Réforme, courageuse, réforme, courageuse… À force de les entendre ensemble, ces mots, au fond, on ne les entend plus. Mais quel est ce « courage » ? C'est le « courage » non pas de dompter les marchés financiers déchaînés, non pas d'affronter les firmes multinationales, non pas de combattre ces nouvelles puissances, mais au contraire de plier, de se courber devant elles. De mériter leur confiance, de flexibiliser le travail pour elles, de diminuer leur fiscalité. Et, pour ça, de montrer du « courage », mais du courage face à qui ? Face aux peuples, aux peuples qui jugent ces réformes injustes, qui voient leurs conquêtes rognées, leurs salaires baissés, leur sécurité entamée, leur bien-être érodé… Alors, oui, le « courage » d'aller contre les caissières et les infirmières, contre les enseignants et les étudiants, contre les cheminots et les ouvriers, mais jamais contre les banquiers et les actionnaires, contre les mécènes des campagnes électorales. Le « courage » d'être faible avec les forts et fort avec les faibles : le voilà, le « courage » tant vanté. Le « courage » d'une démocratie contre le *demos*…

*

Cette « *crisis of democracy* » était au cœur des Gilets jaunes.

Certes, le mouvement est parti de la taxe gasoil. Mais dès le premier jour, à vrai dire, dès le samedi 17 novembre 2018, la révolte s'est élargie, faite sociale : les gagne-petit exhibaient fiches de paie, factures et frais bancaires. Puis elle s'est approfondie en crise fiscale, en exigence de justice : « Que les gros paient gros et que les petits paient petit. » Et même en une quête, allons-y, métaphysique : que faisons-nous ensemble ?

Toute cette étrange saison, ce formidable hiver, était nimbée d'une soif démocratique. En filigrane, d'abord, avec la mise en cause du « président des riches », de ses saillies, « pognon de dingue », « Gaulois réfractaires » et autres « gens qui ne sont rien ». Avec les slogans écrits au feutre sur les chasubles : « Faire l'amour une fois tous les cinq ans, ça n'est pas une vie sexuelle. Voter une fois tous les cinq ans, ça n'est pas une vie démocratique. » Avec, enfin, cette revendication qui a émergé, unifié : le RIC, référendum d'initiative citoyenne. En occupant les ronds-points, au fond, on reprenait en main un peu de notre destin commun, on l'espérait du moins. Depuis si longtemps que « l'Europe », « le marché », « les technocrates », « la mondialisation », « l'oligarchie » nous en avaient privés, de faire l'histoire, d'en écrire une page ensemble…

Ce désir de démocratie, venu de la France d'en bas, sans surprise, Emmanuel Macron n'en a rien entendu, rien voulu entendre. Lui en a fait l'occasion d'un « Grand débat national » à sa façon, un « show » juste un brin moins « one man » que d'habitude, des milliers de « cahiers de doléances remplis » mais jamais lus, des propositions qu'il a lui-même triées, ordonnées, énoncées, avant de les oublier. Toujours autant monarque, fût-il élu, fût-il républicain…

Et pour le déconfinement, fixé au 11 mai, le souverain ferait encore mieux, ou pire : les premiers concernés, enseignants et parents, ne seraient pas consultés. Pas plus que l'Assemblée, nous y sommes habitués. Mais le conseil scientifique non plus, si abondamment cité un mois plus tôt. Et le clou : même ses ministres n'apprendraient la nouvelle, le choix de la date, qu'un quart d'heure avant son intervention télévisée !

« Je les assumerai. »

Ainsi Emmanuel Macron conclut-il le paragraphe, par une phrase sèche, à la première personne du singulier. Un « J'assume » dont il est coutumier. Benalla ? « J'assume. » L'impôt sur la fortune ? « J'assume. » La verticalité ? « J'assume. » Un « J'assume » qui vient asséner un arbitraire : je n'ai pas à m'expliquer, à vous consulter, à partager.

Tout au long de son discours, le chef de l'État *nous* a associés : « Il nous faudra demain tirer les leçons du moment que nous traversons… Déléguer notre alimentation, notre protection, notre capacité à soigner… Nous devons en reprendre le contrôle… », et en des phrases plutôt longues, construites.

Mais, à l'instant de prendre les « décisions de rupture », le « je » fait son retour.

Et le ton impératif de l'Imperator.

Seul, là, à nouveau, sans « nous ».

Là-dessus, jamais le début d'une ébauche d'esquisse de rupture.

Elle est attendue, pourtant, je pense.

*

Notre rupture est évidente :

LA DÉMOCRATIE N'EST PAS UNE FAIBLESSE,
MAIS UNE FORCE

D'autant plus dans les crises, dans les chocs, que nous aurons à traverser, à encaisser. C'est une puissance d'apparence que cette verticalité monarchique, cette rigidité cadavérique, ce « régime où un

IDENTIQUE

Guilhem, sociologue au RSA, Haute-Garonne

« Le président dit que des "ruptures" se feront sur la base de "décisions" qu'il "assumera" : il propose d'ores et déjà de reconduire à l'identique cette relation de pouvoir. »

seul entraîne tout par sa volonté et par ses caprices». C'est un colosse aux pieds d'argile, et on le découvre tous les jours par temps de Covid-19 : le chef fort se conjugue avec un État faible, un État qu'il n'a cessé d'affaiblir. D'un coup, il s'écroulera. La démocratie, polycentrique, fera notre résilience, notre aptitude à devancer les coups, à les endurer, à les digérer. Elle sera le réseau qui plie mais ne rompt pas.

LA DÉMOCRATIE EST UNE FORCE, DONC

L'heure n'est pas, dans ce chapitre, à réécrire la Constitution, et je veux même dire mon humble conviction : il n'y a jamais eu, et il n'y aura jamais, de démocratie pure et parfaite, ni chez les Grecs ni sous la Commune, ni avec tirage au sort ni avec classement des candidats. On peut essayer, innover, mais, sur ce chemin comme sur beaucoup d'autres, il nous faudra vivre avec l'imperfection : il n'existe pas de « meilleur des mondes ». En revanche, un monde meilleur est possible, avec des citoyens pour de bon qui ont prise sur lui, un peu, sur ce monde. Des citoyens à qui l'on offre des outils pour ça, la liberté d'expression, le suffrage universel, le vote des femmes, et demain, il faut l'exiger, ne pas lâcher : le « référendum d'initiative citoyenne en toutes matières : législative, abrogatoire, constitutionnelle, révocatoire ». Et je suggère que le premier référendum porte sur cette question : « Souhaitez-vous une nouvelle Constitution ? », sans a priori, sans tenir la réponse pour acquise d'avance.

LA DÉMOCRATIE EST UNE FORCE

mais cette force, il ne faut pas la cantonner à l'« État », à la « République », à la « Constitution », à tous ces thèmes à majuscule. La démocratie doit s'infiltrer partout, s'imposer dans tous les cercles, locaux, régionaux, où se dessine le futur de notre agriculture, de notre énergie, de nos transports… Et de notre santé.

« Maux de tête et vertiges », « crampes, douleurs articulaires », « faiblesse musculaire », « problèmes digestifs et intestinaux », « insomnies », « perte de concentration », « chute de cheveux »… Des milliers de femmes se plaignaient du « Levothyrox nouvelle formule ». Mais, durant des mois, leur parole a été niée, invalidée, voire moquée, balayée d'un revers de manche, celui de l'effet « nocebo », par les plus grands professeurs, par la ministre elle-même. Avant que, dernièrement, des études démontrent que leurs symptômes n'étaient pas « psychologiques », « dans la tête », une fiction. C'est comme un réflexe dans tous les scandales sanitaires : les déclarations des patients, des patientes bien souvent, sont purement et simplement rejetées, sans discussion préalable.

Cette nullité de notre démocratie sanitaire, le Covid-19 l'a mise en lumière. En région, la direction fut laissée aux agences régionales de santé, sanctuaires bureaucratico-budgétaires, repaire des gestionnaires de l'austérité. Qui ont montré leur nullité : soudain, on leur demandait de mettre les mains dans le cambouis, elles qui ne savent que fermer des lits. Il faudra, tout bonnement, s'en débarrasser.

LA DÉMOCRATIE EST UNE FORCE

Elle ne doit pas s'arrêter à la porte des firmes. « La Révolution a fait du Français un roi dans la cité et l'a laissé serf dans l'entreprise », dénonçait déjà Jean Jaurès. Bon, « roi dans la cité », c'était sans doute excessif, mais « serf dans l'entreprise », rien n'a changé. Et je songe à la peur, à la peur de Claude et Patrice, routiers de chez Mory Ducros, leur boîte liquidée, après trente-quatre ans de boulot, sans prime extra-légale, sans contrat de fin d'activité, et, de leur côté, sans grève, sans protestation, à cause des menaces : « Si vous manifestez, on licencie les 5 000 », et les 5 000 furent licenciés. Tous deux sont reconvertis, désormais, dans la logistique, mais en CDD, avec la même « peur » qu'ils avouent. La peur d'une dame qui travaille au RSI, le régime des artisans, qui me livre des documents et tout, mais qui ne veut pas témoigner parce que ceci, cela. La peur de cette caissière, dont je tairai le nom, dans une chaîne de supermarchés dont je tairai l'enseigne. « Chaque salarié a peur, me résume Christophe, de la Halle aux vêtements. Dès que vous levez la main, ou vous la rabaissez, ou on vous tape dessus. » Règne de la peur, peur du chômage, de la sanction, peur aussi du regard des autres, la peur et les mille lâchetés qu'elle entraîne, et ne pas voir, ne pas entendre cette peur, c'est ne rien saisir à la France populaire d'aujourd'hui, cette peur contenue, cette peur qui impose le silence, qui a cédé comme une digue lors des samedis jaunis. Chasser la peur des cœurs, et des usines, et des bureaux, que les salariés soient protégés assez, en sécurité, pour s'ouvrir, pour dire, et jusqu'au sommet.

Jusqu'aux conseils d'administration.

C'est la promesse, jamais réalisée, contenue dans le programme du Conseil national de la Résistance, d'une « participation des travailleurs à la direction de l'économie ». Mais, aux côtés de ces travailleurs, j'ajouterais la participation des consommateurs, des environnementalistes, des élus locaux, des ONG… « Nous savons maintenant, disait Roosevelt, que le gouvernement par l'argent organisé est aussi

QUELS POLITIQUES ?

Anne, cuisinière, Isère

« Ma question pour la suite, pour le « jour d'après », est la suivante : de quelle sorte de classe politique aurons-nous besoin ? D'abord, pas une bande d'hypocrites. Pas cette classe engraissée aux chiffres. Mais une classe politique ayant des couilles (pardon my French) pour imposer des mesures qui ne font pas le jeu du système financier. Des couilles pour se mesurer aux lobbies pharmaceutiques. Des couilles aussi pour imposer un étiquetage clair sur la nocivité de certains aliments, car c'est bien la santé publique qui supporte les frais de la malbouffe érigée en système. Des couilles encore pour rendre illégales les pubs pour des bagnoles, quand dans le même temps on dénonce la pollution qu'elles causent.

Pour finir, un peu de beauté : « On ne peut pas vivre dans un monde où l'on croit que l'élégance exquise du plumage de la pintade est inutile. » C'est Giono qui l'écrit dans *Un roi sans divertissement*, et c'est cette élégance exquise qui vaut d'être reconnue, partout où elle se trouve.

Note de Clémence à la relecture : « Non non non ! Au secours ! Non, pas les couilles pour bien faire de la politique ! »

dangereux que par le crime organisé. » Oui, nous le savons, nous l'avons appris cent fois, d'un Whirlpool à un Erika, d'un Continental à un Bhopal. C'est un délire dangereux, en effet, que de laisser ces hydres du capital aux mille tentacules entre les mains des seuls actionnaires, ne poursuivant – et on les comprend – que leurs dividendes. « La liberté d'une démocratie, accusait encore le président américain, n'est pas assurée si le peuple tolère que le pouvoir privé croisse à un point tel qu'il devienne plus fort que l'État démocratique lui-même. »

LA DÉMOCRATIE EST UNE FORCE

qui doit faire plier ces monstres.

ON RÉFLÉCHIT AVEC...

Pierre Bourdieu : « La confiance des marchés, ou du peuple »

On fait contre mauvaise fortune bon cœur. Mon libraire, Philippe, du Labyrinthe, est fermé, et il n'est pas question que je me procure chez Amazon les nouveautés. Aussi, je me replonge dans mes classiques, mon rayonnage de « livres importants ». Parmi eux, les *Contre-feux* de Pierre Bourdieu. Et il me semble que ces textes d'intervention, publiés en 1998, prennent une résonance particulière aujourd'hui : on était alors, il y a vingt ans, en plein essor du « néo-libéralisme ». Il se déployait, avec un cortège de promesses, avec une nuée d'éditorialistes chantant ses louanges. Aujourd'hui, il a du plomb dans l'aile intellectuelle, les gens n'y croient plus, même les ministres font semblant, dirait-on. Je ne prédis pas sa chute pour autant : des intérêts, des intérêts colossaux, le porteront à bout de bras, et de force s'il le faut. Enfin, bref, un certain écho.

Dans *Le Monde* du 14 janvier 1992 :

Question : Comment expliquez-vous cette exaspération, ces formes de désespoir et de révolte ?

Pierre Bourdieu : Je pense que la main gauche de l'État a le sentiment que la main droite ne sait plus ou, pire, ne veut plus vraiment savoir ce que fait la main gauche. En tout cas, elle ne veut pas en payer le prix. Une des raisons majeures du désespoir de tous ces gens tient au fait que l'État s'est retiré, ou est en train de se retirer, d'un certain nombre de secteurs de la vie sociale qui lui incombaient et dont il avait la charge : le logement public, la télévision et la radio publiques, l'école publique, les hôpitaux publics, etc., conduite d'autant plus stupéfiante et scandaleuse, au moins pour certains d'entre eux, qu'il s'agit d'un État socialiste dont on aurait pu attendre au moins qu'il se fasse le garant du service public comme service ouvert et offert à tous, sans distinction... Ce que l'on décrit comme une crise du politique, un antiparlementarisme, est en réalité un désespoir à propos de l'État comme responsable de l'intérêt public.

Q. : Face à la situation que vous découvrez, quelle est, à vos yeux, la réaction des citoyens ?

P.B. : Je lisais récemment un article d'un auteur allemand sur l'Égypte ancienne. Il montre comment, dans une époque de crise de confiance dans l'État et dans le bien public, on voyait fleurir deux choses : chez les dirigeants, la corruption, corrélative du déclin du respect de la chose publique, et, chez les dominés, la religiosité personnelle, associée au désespoir concernant les recours temporels.

Q. : Si l'on veut définir un idéal, ce serait donc le retour au sens de l'État, de la chose publique. Vous ne partagez pas l'avis de tout le monde.

P.B. : L'avis de tout le monde, c'est l'avis de qui ? Des gens qui écrivent dans les journaux, des intellectuels qui prônent le « moins d'État » et qui enterrent un peu vite le public et l'intérêt du public pour le public… On a là un exemple typique de cet effet de croyance partagée qui met d'emblée hors discussion des thèses tout à fait discutables. Il faudrait analyser le travail collectif des « nouveaux intellectuels » qui a créé un climat favorable au retrait de l'État et, plus largement, à la soumission aux valeurs de l'économie.

Gare de Lyon, le 12 décembre 1995, devant les cheminots en grève :

« Je suis ici pour dire notre soutien à tous ceux qui luttent, depuis trois semaines, contre la destruction d'une civilisation, associée à l'existence du service public, celle de l'égalité républicaine des droits, droits à l'éducation, à la santé, à la culture, à la recherche, à l'art, et, par-dessus tout, au travail. Je suis ici pour dire que nous comprenons ce mouvement profond, c'est-à-dire à la fois le désespoir et les espoirs qui s'y expriment, et que nous ressentons aussi ; pour dire que nous ne comprenons pas (ou que nous ne comprenons que trop) ceux qui ne le comprennent pas, tel ce philosophe qui, dans *Le Journal du dimanche* du 10 décembre, découvre avec stupéfaction "le gouffre entre la compréhension rationnelle du monde", incarnée selon lui par Juppé – il le dit en toutes lettres –, "et le désir profond des gens".

Cette opposition entre la vision à long terme de l'"élite" éclairée et les pulsions à courte vue du peuple ou de ses représentants est typique de la pensée réactionnaire de tous les temps et de tous les pays ; mais elle prend aujourd'hui une forme nouvelle, avec la noblesse d'État, qui puise la conviction de sa légitimité dans le titre scolaire et dans l'autorité de la science, économique notamment : pour ces nouveaux gouvernants de droit divin, non seulement la raison et la modernité, mais aussi le mouvement, le changement, sont du côté des gouvernants, ministres, patrons ou "experts" ; la déraison et l'archaïsme, l'inertie et le conservatisme du côté du peuple, des syndicats, des intellectuels critiques.

C'est cette certitude technocratique qu'exprime Juppé lorsqu'il s'écrie : "Je veux que la France soit un pays sérieux et un pays heureux." Ce qui peut se traduire : je veux que les gens sérieux, c'est-à-dire les élites, les énarques, ceux qui savent où est le bonheur du peuple, soient en mesure de faire le bonheur du peuple, fût-ce malgré lui, c'est-à-dire contre sa volonté ; en effet, aveuglé par ses désirs dont parlait le philosophe, le peuple ne connaît pas son bonheur – en particulier son bonheur d'être gouverné par des gens qui, comme M. Juppé, connaissent son bonheur mieux que lui. Voilà comment pensent les technocrates et comment ils entendent la démocratie. Et l'on comprend qu'ils ne comprennent pas que le peuple, au nom duquel ils prétendent gouverner, descende dans la rue – comble d'ingratitude ! – pour s'opposer à eux.

Cette noblesse d'État, qui prêche le dépérissement de l'État et le règne sans partage du marché et du consommateur, substitut commercial du citoyen, a fait main basse sur l'État ; elle a fait du bien public un bien privé, de la chose publique, de la République, sa chose. Ce qui est en jeu, aujourd'hui, c'est la reconquête de la démocratie contre la technocratie. »

Voilà, enfin, le passage que je recherchais, « La pensée Tietmeyer », du nom du président de la Banque d'Allemagne, prononcé à Fribourg en octobre 1996 :

« Revenons pour finir au mot clé du discours de M. Hans Tietmeyer, la "confiance des marchés". Il a le mérite de mettre en pleine lumière le choix historique devant lequel sont placés tous les pouvoirs : entre la confiance des marchés et la confiance du peuple, il faut choisir. La politique qui vise à garder la confiance des marchés perd la confiance du peuple.

Selon un sondage récent sur l'attitude à l'égard des hommes politiques, les deux tiers des personnes interrogées les considèrent comme incapables d'écouter et de prendre en compte ce que pensent les Français, reproche particulièrement fréquent chez les partisans du Front national (FN) – dont on déplore par ailleurs l'irrésistible ascension, sans songer un seul instant à faire le lien entre FN et FMI. Si l'on met la confiance des marchés financiers ou des investisseurs, qu'on entend sauver à tout prix, en relation avec la méfiance des citoyens, on voit peut-être mieux où est la racine de la maladie. L'économie est, sauf quelques exceptions, une science abstraite fondée sur la coupure, absolument injustifiable, entre l'économique et le social qui définit l'économisme. Cette coupure est au principe de l'échec de toute politique qui ne reconnaît pas d'autre fin que la sauvegarde de l'"*ordre et de la stabilité économiques*", ce nouvel Absolu dont M. Hans Tietmeyer s'est fait le pieux desservant, échec auquel conduit l'aveuglement politique de quelques-uns et que nous payons tous. »

PROTECTION

« Une France, une Europe souveraine »

PORTE-CONTAINERS

Nicolas, marin, Bouches-du-Rhône

« Aujourd'hui : 90 % du commerce mondial passe par la mer.

Ce sont donc 150 000 à 200 000 cargos qui circulent dans le monde. Un seul d'entre eux pollue comme 50 millions de voitures ; 20 d'entre eux polluent autant que toutes les voitures du monde. »

« Salut, Sébastien. Y a pas une boîte dans ton coin qui pourrait découper des patrons de surblouses ? »

J'ai passé mon samedi à ça.

Michel Kfoury, le chef des urgences d'Abbeville, m'avait alerté la veille : « Avec l'aide de la préfète, on a reçu un stock pour les médicaments et les masques. Par contre, pas de surblouses. (Trois smileys qui pleurent.) Nous n'en avons plus que pour trois jours... Je demande ton aide pour convaincre le proviseur du lycée d'ouvrir son atelier couture et pour trouver des couturières. »

Contacté, ledit proviseur était convaincu d'avance. Et, sur les réseaux, les volontaires pour la confection répondaient à la pelle. En revanche, manquait la matière. « Du polyester », me précisait Claire Rebeyrol, la directrice adjointe de l'hôpital. Elle avait fait le tour, elle, des magasins, Intermarché, Super

U, mais en vain. Et manquait aussi « une machine laser pour découper les patrons, ça ferait gagner du temps ».

C'était une pénurie nationale, apparemment.

À Compiègne, l'hôpital lançait un appel à « matière » et « couturières » dans *Le Courrier picard*. À Amiens, ma mère s'était inscrite sur un groupe Facebook pour découper des sacs poubelles…

Sur les panneaux d'affichage clignotaient ces appels : « Le centre hospitalier de Saint-Romain est à la recherche de sacs poubelles de préférence avec liens (grand gabarit, 120 litres minimum) pour fabriquer des surblouses pour protéger nos soignants. »

Dans la pagaille, j'essayais d'être utile. J'envoyais un SMS au collègue de la majorité, Mickaël Nogal, en lien avec Bercy, qui me renvoyait vers le « Groupement CSF » constitué sous la direction du « Comité stratégique de la filière (CSF) Mode et Luxe », où je remplissais un formulaire pour commander mille surblouses lavables : « L'une des 600 entreprises du Groupement d'ateliers français va prendre contact directement avec vous dès qu'elle aura les stocks disponibles. » « Dès que », ça semblait pas être tout de suite, pas sous trois jours. J'appelais ma sœur Laurence, qui, à Grenoble, concevait des logiciels de découpe pour l'industrie textile, justement. Je laissais un message sur le répondeur de CIT, une petite boîte amiénoise qui floquait nos maillots *Fakir* (les tee-shirts, eux, provenaient d'Inde). Je me tournais, aussi, vers les administrateurs, qui avaient fermé les dernières entreprises du secteur : Tissage de Picardie, l'usine de Guillaume Sarkozy, à Villers-Bretonneux… Cosserat, un ancêtre du velours, à Amiens… ou même Parisot-Sièges de France, qui fabriquait des canapés à Berteaucourt-les-Dames… Y aurait pas une machine, des fois, qui traînerait dans un local ?

Car on en était là.

Je veux dire : l'hôpital en était là, certes, à quémander des sacs poubelles. Mais la Somme, notre coin, haut lieu du tissu, qui au Moyen Âge avait bâti sa fortune et ses cathédrales dessus, Amiens qui n'était que ça, le long du fleuve, des usines l'une après l'autre, l'empire Boussac-Saint-Frères qui avait son berceau ici, dans la vallée, aux portes d'Abbeville, ces immenses bâtiments de brique rouge, à Ailly, à Saint-Ouen, à Flixecourt, qui avalaient chaque matin des milliers d'hommes, de femmes surtout, d'enfants même il fut un temps, et je ne le peins pas en rose, ce temps. L'apogée du textile n'était pas si lointain – les années 1970. Et, d'un coup, la chute. La dégringolade. Oh, pas toute seule, cette chute, cette dégringolade, elle fut bien poussée dans le dos, volontairement provoquée : par les « Accords multifibres » signés en 1974, puis en 1977, et en 1981. Qui, méthodiquement, organisaient la délocalisation vers le Sud.

C'était une réponse à la « *crisis of democracy* ». Oui, c'est lié, c'est la même histoire. Ça fait partie du plan d'ensemble. En Picardie aussi, dans l'après-Mai 68,

« des individus et des groupes » s'engagent un peu trop, nuisent « au bon fonctionnement du système politique ». Comme tout le pays, et comme tous les pays occidentaux, le Val de Nièvre s'agite alors, la CFDT déborde la CGT par la gauche, des grèves éclatent : des droits sont conquis, les salaires relevés, petitement, tout ça, on part de très loin. Mais c'est déjà trop, pour certains : les « plans de licenciement », ça va calmer les ouvriers, les renvoyer à l'« apathie », à la résignation. Dès lors, dans les années 1980, les fermetures d'usine se suivent et se ressemblent, les machines déménagent pour le Maroc, la Tunisie, Madagascar. Une deuxième lame suivra avec l'« Accord de l'OMC sur les textiles et les vêtements », en 1995, qui fait entrer la Chine dans la danse : ses exportations augmentent de 10 % par an, puis une nouvelle négociation, et ce sera sans plafond, sans quota. Voilà qui, chez nous, emportera jusqu'au dernier îlot, jusqu'à l'ultime résidu. Et aujourd'hui plus rien, rien de rien, même pas un lambeau, plus de quoi fabriquer mille surblouses…

Ce n'est pas une fatalité, pas une loi naturelle, « comme la pesanteur », dixit Alain Minc, « comme un phénomène météorologique ». Non, cette situation, des hommes l'ont voulue, des dirigeants l'ont orchestrée. C'est un choix, un choix politique, le choix du patronat. La métallurgie a suivi, l'ameublement, les jouets, l'électroménager, la chimie, et – on le découvrait maintenant – jusqu'au médicament : « 60 à 80 %

des matières premières sont aujourd'hui extra-européennes, confirmait un lobbyiste de Big Pharma, alors que c'était l'inverse il y a trente ans. Une des raisons, notamment, c'est une raison environnementale. Les politiques environnementales conduisent à aller dans d'autres pays, avec des normes environnementales qui sont moindres. » Et l'autre raison, évidemment : « Il est clair que les coûts de production sont nettement moins élevés dans certains autres pays pour ces principes actifs. »

C'est mon combat, depuis vingt ans de *Fakir*.

Mon canard est né de ça, un peu, de Yoplait qu'on délocalisait, du silence autour. Honeywell suivrait, puis Magneti Marelli, Whirlpool, Flodor, Goodyear, Continental… C'est devenu ma morne spécialité, allié d'une classe sans cesse vaincue. J'ouvrais le *Journal intime de mes pulsions protectionnistes* sur l'inventaire de mes fiascos :

« Sur mon Arc de Triomphe ne figurent que des défaites.

À travers la Picardie d'abord, la France ensuite, j'ai visité des usines de robinets, de pistons, de cacao, de lave-linge, de canapés, de chips, de yaourts, j'ai vu des ateliers tout neufs et déjà vides, des bâtiments immenses et laissés à l'abandon, j'ai vu des ouvriers manifester devant leur société, devant des mairies, des sièges sociaux, l'Assemblée nationale, je les ai vus organiser des meetings, des concerts de soutien, des réveillons de Noël, remplir des cars pour monter à Paris, ou pour suivre leurs chaînes en Pologne, je les ai vus signer des pétitions, distribuer des tracts sur les marchés, se serrer les coudes derrière une banderole, crier dans un conseil municipal, je les ai vus porter plainte devant les prud'hommes, le tribunal correctionnel, la cour d'appel, la Cour de cassation, être poursuivis à leur tour devant les magistrats, commander des rapports au cabinet Secafi-Alpha, ou Syndex, ouvrir des livres III, fermer des livres IV, je les ai vus dénoncer leurs syndicats, former des comités de lutte, séquestrer leurs dirigeants, se menotter aux grilles de la direction du Travail, mettre à sac une sous-préfecture, placer des bonbonnes de gaz sur le toit, investir des assemblées générales d'actionnaires, interpeller leur PDG à la tribune, je les ai vus occuper leurs fabriques durant des semaines, des mois, entamer des grèves de la faim, se réunir tous les jeudis dans l'ancien local syndical, j'ai vu tous ces efforts désespérés, ces tentatives vaines, et avec, toujours, au bout, la défaite.

Qu'on déguise parfois, tant bien que mal, en victoire. Parce que l'entreprise a rallongé l'enveloppe des indemnités. Parce qu'un « pôle logistique » sera préservé. Parce qu'une cellule de reclassement viendra offrir un répit. On sauve l'honneur. »

« Ouvriériste », « passéiste », « nostalgique », j'ai tout entendu, et plus souvent encore : « nationaliste » prônant le « repli sur soi », sinon l'« autarcie »… Mes idées menaient tout droit au « fascisme » et à la « guerre », quand je n'étais pas moi-même « rouge-brun ».

Car « l'industrie, c'est fini ».

Voilà la pensée qui, depuis les années 1980, guide nos polytechniciens, Mines, énarques. À part l'aéronautique et le luxe, la pharmacie à la rigueur. L'avenir réside dans les services : banque, assurance, conseil, restauration pourquoi pas, un engouement pour les start-up maintenant. D'où la non-résistance, la quasi-complicité de nos dirigeants au grand saccage, aux délocalisations, à la mainmise des *private equity*, à la mode du « fabless ». Et c'est Alcatel, et c'est Alstom, et c'est Arcelor, rien que pour la lettre A de cette braderie.

Ce pillage, tous les dirigeants y ont consenti : « Qu'on les laisse faire et qu'on les libère, entonnait encore l'Emmanuel Macron. C'est aujourd'hui ça, ma responsabilité, et c'est la seule façon d'en sortir. » La vulgate schumpétérienne avait cours, la destruction créatrice toujours, et l'on lisait entre les lignes : ces usines, ça pue et ça pollue. C'est sale. Le « vieux monde » devait mourir.

Laisser faire.

Laisser faire la débâcle.

Et voilà donc que, « souveraineté », le chef de l'État s'y met : « Déléguer notre alimentation, notre protection, notre capacité à soigner, notre cadre de vie au fond, à d'autres est une folie. Nous devons en reprendre le contrôle, construire plus encore que nous ne le faisons déjà une France, une Europe souveraine. » Mieux vaut tard que jamais, il paraît.

*

« Participer pleinement à la croissance mondiale ». Voilà l'« ambition n° 2 » du « rapport Attali ». Comme rapporteur, Emmanuel Macron y côtoie la crème du CAC 40, et cette « Commission pour la libération de la croissance française » demeure son acte de naissance politique. Ce catalogue de 316 mesures, ce « mode d'emploi pour des réformes urgentes et fondatrices », demeure son acte de naissance politique, et servira de guide au futur ministre, candidat, président.

Dont ce précepte : « À ne pas suffisamment accepter la mondialisation, la France ne profite pas autant qu'elle le pourrait de la forte croissance mondiale actuelle et future. Depuis quelques années, une nouvelle croissance se fait jour, qui tente de réconcilier la performance et l'éthique, la rentabilité financière à court terme et la responsabilité vis-à-vis des générations futures. Ainsi, la protection de l'environnement a donné naissance à de nouveaux marchés, à de nouvelles créations de richesses. La France a tous les atouts pour jouer l'un des tout premiers rôles dans cette "nouvelle économie". » Cette prescription était délivrée en janvier 2008. Quelques mois plus tard, la « forte croissance mondiale » s'écroulerait et révélerait combien, en effet, « la rentabilité financière à court terme » se conjuguait formidablement avec « l'éthique ». Qu'importe : le défaut de la France, c'était d'entrer dans le bain de cette globalisation à reculons. Mieux valait y plonger franchement, sans réticence.

Tel était son credo, déjà forgé à Sciences Po et à l'Ena, à l'Inspection des finances, qui ne sont pas des repaires de la dissidence.

Et qu'il complète avec le programme « Young Leaders » de la French American Foundation, réservé aux jeunes « à fort potentiel de leadership et appelés à jouer un rôle important dans leur pays et dans les relations franco-américaines ». Deux années de séminaire pour assurer, s'il en était encore besoin, chez nos dirigeants un conformisme de la pensée : atlantiste, mondialiste, libre-échangiste.

Avec une entrée à la clé dans le groupe Bilderberg, une courroie de transmission, une de plus, pour diffuser la même pensée : atlantiste, mondialiste, libre-échangiste…

Est-ce lié ?

À peine nommé ministre, de l'Économie *et* de l'Industrie, lui livre à prix cassé le pôle énergie d'Alstom (turbines nucléaires, hydro-électricité, réseaux…) au géant General Electric. Un *deal* qui donne tout pouvoir aux Américains, qui ne laisse rien à la partie française : aucun droit de regard sur la stratégie, et même aucune garantie sur l'emploi. C'est une si mauvaise affaire, comment expliquer qu'Emmanuel Macron se soit engagé à fond ? Par des pots-de-vin, par des renvois d'ascenseur, par des dons en retour pour sa campagne présidentielle ? Des plaintes sont déposées, pour « corruption » et « détournement de fonds publics ». Dans le viseur, notamment, Hugh Bailey, son conseiller « Industrie », qui pantoufle désormais comme directeur de GE France…

Mais ces soupçons se conjuguent, je crains, avec pire : pour lui, l'*intérêt national* n'existe pas. Ou à l'époque, du moins, n'existait pas. C'est un internationaliste, vraiment, un internationaliste du capital. Les États-Unis sont nos amis, et seul compte alors de constituer des « mastodontes », la couleur du drapeau importe peu. Depuis Bercy, il procède à des « fusac », des fusions-acquisitions, comme il l'a fait chez Rothschild, avec Atos et Siemens, avec Nestlé et Pfizer.

« Vous êtes pour la mondialisation ! On y est, là !

– Sauvez nos emplois ! »

Candidat, pour le bonheur des start-uppers et des vainqueurs, des heureux élus de l'ordre mondial. Sur le parking de Whirlpool, durant la présidentielle, les vaincus bouillonnaient dans le chaudron :

« Il faut arrêter la mondialisation !

– Je ne suis pas sur cette politique. Sortir de la mondialisation, ce n'est pas la solution… Mais je m'engage sur le plan social, pour qu'il soit à la hauteur.

– Respectez les ouvriers !

– La clé pour l'emploi des jeunes, c'est la formation des jeunes. Continuer à former les gens, c'est le projet que je porte.

– Mais ça marche pas, arrêtez ça, ça marche pas !

– Arrêtez, ça… "Les formations", faut arrêter, ça débouche sur rien du tout. Fallait pas la dire, celle-là, "les formations", fallait pas la dire ! Et puis rigolez pas…

– Je ne rigole pas.

– Si, vous avez le sourire.

– Il y a ici un déficit de formation.

– Il l'a dit, putain, il l'a dit !

– Je vais te poser une question : est-ce qu'il va rester un seul abruti qui va risquer de rester en France, quand en Pologne il peut payer les ouvriers 2,80 euros ?

– Ils ne vont pas pouvoir continuer à payer les gens comme ça. On doit se battre, pour des relocalisations.

– Hollande nous l'a dit y a cinq ans, et Sarkozy aussi d'ailleurs !

– Il nous faut un président patriotique !

– Du boulot, il y en a.

– Ah, ça embauche chez Trogneux ? On peut faire une chocolaterie ici ?

– Ne dites pas du mal des chocolateries ! Vous vendez à l'étranger, Procter & Gamble vend à l'étranger, ils n'ont pas délocalisé…

– Monsieur Macron, c'est vous le business. Vous êtes le business. Vous êtes ces gens-là, les actionnaires…

– Non, moi ce que je défends, ce sont les entreprises, pas les actionnaires.

– Si, si, vos lois défendent les actionnaires.

– Je ne suis pas venu vous faire de la démagogie, je suis venu parce que c'était mon engagement.

– Y en a ras le bol de ses conneries. Paie-lui un billet Ryanair, qu'il rentre chez lui, là !

– On veut un avenir, nous !

– On dirait Hollande, hein ?

– Ouais, c'est du copié-collé !

– Ouais, c'est son fils !

– Non, je ne le suis pas ! Moi, je vois la situation…

– Ah bon ? Il serait temps, non ?

– Ce que je vais faire, c'est une vraie politique de dénonciation, je vais leur mettre la pression…

– La pression pour quoi ? Pour qu'ils ne partent pas ?

– La pression pour que le plan social soit à la hauteur.

– On doit se protéger ! »

« Formation », « pression », « relocalisation »… Le disque était rayé. Une heure d'un dialogue de sourds, savoureux, goguenard, avec des airs d'Audiard, mais qui n'a rien changé, ni au sort des Whirlpool, ni au regard du futur président.

Désormais à l'Élysée, Emmanuel Macron n'a pas « arrêté la mondialisation ».

Au contraire, même : il la pousse, au forceps, contre vents et marées. Dans le pays, d'abord, avec le front des « anti- », qui, en plus des prolos, se grossit d'écolos. Ainsi de Nicolas Hulot : « Le libre-échange est à l'origine de toutes les problématiques écologiques. L'amplifier ne fait qu'aggraver la situation. Il faudra d'ailleurs comprendre un jour qu'une des premières obligations va être de relocaliser tout ou partie de nos économies. Mais, avant que nos élites ne l'intègrent, je pense qu'on sera tous calcinés. La mondialisation, les traités de libre-échange sont la cause de toute la crise que nous vivons. Si on ne s'attaque pas à cela, ça ne sert à rien. Ce n'est pas en installant trois éoliennes que l'on va y arriver. » Mais, plus difficile encore pour lui, dans les pays alentour, qui dévient des rails libre-échangistes : la Grande-Bretagne et son Brexit, l'Italie entre le Mouvement 5 étoiles et la Ligue de Salvini, même l'Amérique ! – l'Amérique de Donald Trump qui joue des muscles et des taxes douanières…

Macron leur fait donc la leçon : « Une tentation protectionniste renaît aux États-Unis… Je souhaite qu'on défende le libre et juste commerce… Le protectionnisme est une erreur, c'est le frère jumeau du nationalisme et cela conduit à la guerre… » Il vante une Organisation mondiale du commerce bel et bien morte, espérant par son verbe, peut-être, la ressusciter : « L'OMC, c'est nous qui l'avons faite. Ce cadre doit être préservé. Et les dégâts de la mondialisation seraient bien pires en laissant le libre champ à la loi du plus fort. » Il joue des aphorismes, à la recherche d'un équilibre foireux, plan en trois parties comme à Sciences Po : « Refuser la mondialisation est illusoire, la diaboliser est trop facile. Il faut accepter de la regarder en face. » Il adresse des sermons aux « Gaulois réfractaires » : « La réalité de notre pays n'est pas protectionniste. Que ceux qui disent que tout accord commercial est mauvais me disent dans ces cas-là comment ils vont s'habiller, s'alimenter, se déplacer. » Et, bien sûr, ces accords commerciaux, il les approuve. Avec le Canada : « Le Ceta va dans le bon sens. » Avec le Mercosur : « Cet accord, à ce stade, est bon », avant de se fâcher contre Jair Bolsonaro et ses feux de forêt. Mais aussi, sans bruit médiatique, avec le Vietnam, avec le Jefta, avec la Chine...

Cette mondialisation, il la menait activement, agriculture, industrie, services, tambour battant.

Pour en parler, pourtant, aujourd'hui, il préfère la voix passive : « Le modèle de développement dans lequel s'est engagé notre monde depuis des décennies »... Ah bon ? Il a fait ça tout seul, « notre monde » ? Il a choisi son « modèle », et hop ! il s'y est engagé ? Comme s'il n'avait pas fallu des dizaines de dirigeants, durant des décennies, des G7 et des G20, des rapports de l'OMC et du FMI, des centaines de juristes, des milliers de propagandistes, économistes, journalistes, des forces de police aussi, pour nous entraîner, malgré nous, dans ce « modèle », pour le contraindre, « notre monde », à entrer dans ce moule, dans ce « modèle ».

Après l'autre crise, déjà, en 2010, Nicolas Sarkozy usait d'une rhétorique proche : « Le monde est ouvert, David Pujadas. L'emploi se délocalise. Les capitaux se délocalisent. » On retrouvait, dans ces phrases, la même absence de sujets autres qu'abstraits, des processus sans agent agissant. Personne n'agit : « L'emploi se délocalise. » Ah bon, lui aussi fait ça tout seul, l'emploi, comme un grand ? Pareil pour « les capitaux » : sans doute qu'ils sont poussés par le vent, aussi légers que l'air, comme des nuées de milliards invisibles.

« Le monde est ouvert », notre monde « s'est engagé » : derrière ces formules simples, toute une construction historique est occultée. Car qui l'a ouvert, ce monde ? Qui s'est engagé dans cette voie ? Quand ? Dans quel intérêt ? Avec quels outils ? Ainsi les responsables effacent-ils les traces de leur crime, de leur « folie ».

Les délocalisations se poursuivaient pépères.

« Le groupe Honeywell a annoncé la fermeture du site de Plaintel. L'usine fabriquait des masques respiratoires jetables depuis 44 ans. La production est délocalisée en Tunisie, afin d'augmenter les profits du groupe. » Les syndicats étaient bien seuls, à l'été 2018, à dénoncer cette fuite. Et même semblaient résignés, se bagarrant surtout sur « les conditions de départ », « les négociations au point mort », « les propositions insuffisantes de la part du groupe ». Ça passait inaperçu, sinon. Seule la presse locale, *Ouest-France* en Bretagne, y consacrait un papier. Les pouvoirs publics ne levaient pas le petit doigt. C'était la routine. L'industrie qui se barre : *so what ?*

On pourrait en retracer cent, des histoires comme ça.

Dans ma tournée *J'veux du soleil*, je m'étais rendu chez Luxfer, à Gerzat, en banlieue de Clermont-Ferrand. « Ici, depuis 1939, on fabrique les bonbonnes de gaz haute pression, me décrivait Axel, le délégué CGT. Les bouteilles d'oxygène de nos hôpitaux, c'est Luxfer. Les extincteurs de nos pompiers, c'est Luxfer. La ventilation des malades en insuffisance respiratoire, les incendies éteints, c'est Luxfer. » Traversant les immenses ateliers à l'arrêt, les ouvriers m'enseignaient tout sur le « bobinage carbone », le « spinning », l'« alliage aluminium 7060 », et j'opinais du chef, moi. Je ne comprenais pas tout, mais je ressentais, en revanche, un truc fort : la fierté. La fierté chez ces bonshommes de les fabriquer ici, ces bonbonnes. La fierté de s'être élevé, dans les compétences, dans les connaissances. La fierté, pour Bruno, de redémarrer sa machine, de me montrer l'acier qu'il sculpte dans les flammes qui s'élèvent. La fierté, et l'amertume. Parce que, le 26 novembre 2018, un « manager de transition » est arrivé, dépêché par la multinationale britannique : « Face à une concurrence de plus en plus agressive provenant notamment de pays à bas coûts, l'entreprise doit aujourd'hui simplifier son outil industriel. »

Les ouvriers, et leurs syndicats, ont alors proposé un contre-projet, validé par des experts. Ils sont allés, d'eux-mêmes, chercher un repreneur. Mais balayé d'un revers de main par l'actionnaire, qui préfère la terre brûlée, que rien ne repousse, surtout pas un « concurrent ». Que les machines soient détruites, donc, et qu'on envisage dans ces bâtiments une vague « revitalisation ». Les hôpitaux français et les pompiers français achèteront désormais anglais, ou américain.

Quel soutien, au cours de leur bras de fer, ont-ils trouvé auprès du gouvernement ? Aucun. Au contraire, même. À Bercy, Jean-Pierre Floris, le délégué interministériel aux « restructurations » d'entreprise, les a mis en garde, suppléant à la fois le patronat et les forces de police : « Faites attention à votre attitude, on ne tolérera pas de débordements. » Puis il leur a exposé avec franchise sa vision de l'économie : « Des actionnaires qui détruisent une entreprise, c'est comme un enfant qui casse son jouet, on ne va pas les empêcher. Ça s'appelle le libéralisme. »

C'était clair, au moins.

Nos dirigeants jouaient les Ponce Pilate de la mondialisation, laissant faire, s'en lavant les mains…

*

C'était « avant », tout ça. Parce que, d'un coup, on se découvrait à poil.
À poil de masques.
À poil de surblouses.
À poil de tests.
À poil de médicaments.
Cette nudité, ça nous faisait des convertis en série.

Emmanuel Macron donnait le « la », masque sur le nez, à l'usine Kolmi-Hopen, à Saint-Barthélemy-d'Anjou : « Il nous faut produire davantage en France, sur notre sol, pour réduire notre dépendance... Nous devons rebâtir notre souveraineté nationale et européenne... »

Le ministre du Budget, Gérald Darmanin, faisait son coming out : « Demain, il faudra sans doute réfléchir, et c'est une conviction profonde que j'ai depuis longtemps, à refaire venir en Europe, et singulièrement en France, une production de ce qui nous paraît être essentiel à la Nation, comme tout ce qui est lié au médical, par exemple. »

Celui de l'Économie, Bruno Le Maire, anglicisait : « L'épidémie du coronavirus est un *game changer* dans la mondialisation », comme si c'était un « *game* » et que l'on jouait... « Nous avons la nécessité impérative de relocaliser un certain nombre d'activités et d'être plus indépendants sur un certain nombre de chaînes de production. »

Et jusqu'au commissaire européen Thierry Breton qui virait altermondialiste, qui prenait sa carte à Attac : « On se rend compte que l'on est peut-être allés trop loin sur la *mondialisation*. On va rebâtir un autre monde. »

Les mêmes, les mêmes qui ne juraient que par le « global » se feraient les chantres du « local ». Les mêmes qui portaient, contre leur peuple, à bout de bras, une mondialisation à bout de souffle, en bout de course, au bout du rouleau, à bout de tout, les mêmes démondialiseraient, désormais, avec pareille vigueur, avec pareille ardeur…

Alléluia !

Je me méfiais, quand même.

« Relocaliser », ça fait dix ans que je l'entends, que je l'attends. À l'hiver 2010, déjà, Ségolène Royal traversait le salon de la « Haute Façon » et déclarait que « la France doit gagner la bataille de la relocalisation », et c'est pour ça qu'elle vient, pour « saluer tous ceux qui se battent, les chefs d'entreprise, les ouvrières, les salariés, les représentants de la profession, parce que ce combat va être gagné ».

La mode s'étendait jusqu'à ma région. Dans Agir en Picardie, le président du Conseil régional éditorialisait sur « le thème des relocalisations » : « Des activités implantées en Espagne, en Grande-Bretagne, aux États-Unis ou en Chine viennent ou reviennent en Picardie… » Ah bon ? Heureuse nouvelle ! Mais dans les seize pages du dossier « Relocalisation en Picardie » qui suivait, pas un seul chiffre n'était livré, pas un seul cas évoqué…

Cette « relocalisation » se servait aussi bien à la sauce libérale. Le ministre de l'Industrie, Christian Estrosi, sous Sarkozy, allait satisfaire, à l'Assemblée nationale, « la forte incitation à la relocalisation que vous appelez de vos vœux ». Comment ? Via « la suppression de près de 12 milliards d'euros de charges fiscales grâce à l'abrogation de la taxe professionnelle ». Les bancs du groupe UMP applaudissent, note le *Journal officiel* (20 janvier 2010).

Qu'en disait sa successeure, Agnès Pannier-Runacher, secrétaire d'État à la « Reconquête industrielle » ?

« Cette crise ne fait qu'accélérer cette volonté de relocaliser, énonçait-elle sur Public Sénat. Ce que l'on est en train de démontrer aujourd'hui, c'est que fabriquer en France peut être plus efficace et pas forcément plus coûteux. L'usine de demain permettra encore d'améliorer la compétitivité française. » Ça me semblait compromis, d'emblée : « compétitivité française », « plus efficace », « pas forcément plus coûteux », c'était le même refrain, le train-train. Nulle « rupture », ici.

La semaine suivante, la même sous-ministre était auditionnée, en visioconférence, par la Commission des affaires économiques – où elle évoquait un futur

« Pacte de productivité et de souveraineté ». Je l'interrogeais depuis ma cuisine : « Comment vous comptez tempérer la compétitivité, la concurrence, le libre-échange, qui figurent dans tous les traités européens, dans tous les traités de l'OMC ? Est-ce que vous êtes prête, au nom de la souveraineté, à briser vos tabous là-dessus et à déchirer, ou raturer, ces traités ? Ou vous pensez que la relocalisation va se produire par la main invisible du marché, qui permettrait, en harmonie, de relocaliser tout ça ?

– Sur le maintien de la production en France, me répondait-elle par Zoom interposé, la voie que nous portons, nous, c'est une voie où l'on redonne à la France la capacité à investir massivement dans ce qui va lui donner un avantage compétitif. L'innovation, la recherche et développement, l'usine du futur, et de façon coordonnée en Europe. La Chine, d'ailleurs, n'est plus nécessairement un pays bas coût : un cadre chinois est aujourd'hui payé autant qu'un cadre français. Dès que vous atteignez un certain niveau de langue anglaise, en Chine, vous avez à peu près le même niveau de salaire que le cadre français. Donc, il y a un vrai enjeu. Sur lequel on a des atouts : la qualité de notre formation, la qualité de notre recherche, le fait qu'on soit aussi bons en biologie et en médecine. Que, donc, tout ça devrait nous permettre de tirer notre épingle du jeu. Il faut aligner les planètes. »

Je faisais la moue devant mon écran.

Sous le vernis, rien n'avait changé. Sans l'avouer, sans l'afficher, pour elle la « main invisible du marché » allait équilibrer tout cela, les salaires qui grimpent en Chine, et hop ! doucement, comme par magie, « relocalisation », la globalisation qui se remet d'aplomb. Il suffisait d'« investir », avec tact, de « coordonner », avec délicatesse, d'« aligner les planètes », avec doigté… Et pourquoi pas, comme le réclamait le lobbyiste de Big Pharma, de « mener une politique incitative », c'est-à-dire de baisser les impôts, d'ajouter une niche, de favoriser les investissements… Bref, nulle volonté politique un peu brute, aucun cap tranché, obstiné : « Il faut arrêter la mondialisation ! On doit se protéger ! »

Au contraire : « Surtout pas ça », entendait-on, en souterrain, dans son baratin.

Alors, elle subissait.

Elle faisait le gros dos.

Elle aménageait.

Pour que l'« après » ne bouscule pas l'« avant »…

Et son chef, notre chef de l'État, maintenait lui aussi plus qu'une ambiguïté : « Nous devons construire plus encore que nous ne le faisons déjà une France, une Europe souveraine. »

Cette phrase m'avait titillé d'emblée, à l'oreille, le jeudi 12 mars au soir : que notre souveraineté, nationale, ne puisse être évoquée sans que, aussitôt, le président de la République française y adjoigne l'Europe, les deux souverainetés liées. Mais à l'œil, en relisant ce discours sur le site de l'Élysée, une anomalie grammaticale m'a encore plus frappé : pas de « s » à « souveraine ». Il ne s'agit donc pas, comme je le supposais, de « construire une France et une Europe souveraines ». Mais, assez bizarrement, dans cette transcription officielle, de « construire une France » tout court, pas qualifiée, dont on ignore ce qu'elle devrait être, et « une Europe souveraine », elle. Cet étrange énoncé témoigne d'un indicible chez Emmanuel Macron : « souveraineté nationale ». Qui est repoussée à demain, demain toujours demain, à plus tard, conditionnée à un accord avec Bruxelles, Francfort et Berlin, à une improbable souveraineté continentale...

Lui ajoute : « une France et une Europe qui tiennent fermement leur destin en main ». Et l'on devine, en creux, que la France seule ne saurait le tenir en main, son destin.

*

« J'ai de la sympathie, écrivait John Maynard Keynes, pour ceux qui veulent minimiser plutôt que maximiser l'imbrication économique entre les nations. Les idées, la connaissance, l'art, l'hospitalité, les voyages : autant de choses qui sont, par nature, internationales. Mais que les marchandises soient de fabrication nationale chaque fois que c'est possible et commode. »

Notre rupture va de soi.

IL FAUT ARRÊTER LA MONDIALISATION
ON DOIT SE PROTÉGER

Il faut l'arrêter comme une machine infernale lancée dans une course folle, qui écrase tout sur son passage. Et conçue pour tout écraser : « Le droit du travail et la protection de l'environnement sont devenus excessifs dans la plupart des pays développés, estimait le libéral Gary Becker, prix Nobel d'économie, en août 1993. Le libre-échange va réprimer certains de ces excès en obligeant chacun à rester concurrentiel face aux importations des pays en voie de développement. » Grâce à Maastricht et à l'Union européenne, grâce à l'Alena, l'Accord de libre-échange nord-américain, outre-Atlantique, grâce au Gatt et à l'OMC partout, le « libre-échange » a écrasé le « droit du travail » et la « protection de l'environnement ». Voilà qui ne relève pas du « dysfonctionnement », mais du « fonctionnement » prévu, souhaité.

Chez nous, Bernard Arnault s'en félicitait dans son livre *La Passion créative* : « Les entreprises, surtout internationales, ont des moyens de plus en plus vastes et elles ont acquis, en Europe, la capacité de jouer la concurrence entre les États. L'impact réel des hommes politiques sur la vie économique d'un pays est de plus en plus limité. » Et l'auteur de conclure : « Heureusement. » Du même, menaçant : « Nous évoluons dans un système beaucoup plus mobile qu'il y a une quinzaine d'années. Face à cela, que peuvent faire les États ? Il leur est pratiquement impossible de s'opposer à une mobilité des entreprises à travers l'Europe. » Et il précisait son chantage : « Toute velléité nationaliste est vouée à l'échec. À trop augmenter les charges sociales et imposer les 35 heures à des entreprises qui n'en ont pas les moyens, le gouvernement risque d'accélérer le processus de délocalisation d'un certain nombre d'usines. »

Au fond, le dumping n'était pas seulement, voire pas essentiellement, social, environnemental, fiscal, mais avant tout démocratique : que le pouvoir échappe au *demos* et à ses représentants, à demi pris en otages, eux, souvent consentants, conciliants, complaisants avec leurs puissants geôliers, renonçant à protéger.

De là naît la colère du pays, aujourd'hui, le ressentiment. Je ne sais plus où j'ai lu ça, dans une histoire des chevaliers ou de la royauté : un peuple peut accepter la domination d'une élite, à condition que cette élite lui assure une protection. Notre élite ne l'assure plus. Au contraire, même, elle a livré les classes populaires au Minotaure mondial, les a jetées dans le grand maelström économique, au son de la harpe et du violon, voyant la queue fourchue du diable dans la moindre « tentation protectionniste ».

IL FAUT ARRÊTER LA MONDIALISATION
ON DOIT SE PROTÉGER

Mais comment ?

Tout bêtement : avec des quotas d'importation, des taxes aux frontières, des barrières douanières, qu'on peut renommer « écluses » pour faire joli, plus gentil. Avec un contrôle des flux, des flux de capitaux, des flux de marchandises. Avec ces outils qu'on a sous la main, prêts à l'usage, et qui durant des décennies, voire des siècles, ont limité la « folie », ont régulé le commerce sans l'interdire.

Durant cent ans et plus, l'Angleterre a opté pour un protectionnisme strict, bâtissant son industrie textile à l'abri de ses mers. Que faut-il en conclure, alors, d'après nos propagandistes ? Que le Royaume-Uni aurait vécu dans une noire xénophobie ? Que des nazis avant l'heure se seraient succédé sur son trône ? Les États-Unis, maintenant, « patrie et bastion du protectionnisme moderne ». Jusqu'en 1945, leurs taxes aux frontières sur les produits manufacturés variaient entre 35 et 50 % : parce qu'ils étaient dirigés par des fascistes, sans doute ?

La « relocalisation », sans ça, c'est du bidon, les « circuits courts » pour le décor, si on ne place pas des taxes, des taxes, des taxes, comme des cailloux dans les rouages de la machine infernale, pour l'entraver. Des taxes non pas tous azimuts, aveuglément, 20 % sur tout, mais au contraire avec une stratégie, en vue d'une « politique industrielle » (autre mot interdit) : que veut-on relocaliser ? Les médicaments ? Les aliments ? Les vêtements ? Quand je les consulte sur Excel, les tableaux de l'OMC comportent plus de dix mille « lignes tarifaires » : c'est dire l'extrême souplesse dont on dispose, une plasticité qui permet, par exemple, de relever de 15 % les taxes sur les roues de vélo en aluminium en provenance de Hong Kong, de 18 % pour celles en carbone, de 25 % lorsqu'elles arrivent du Vietnam, etc. Ce cas par cas est à portée de souris, très éloigné des caricatures, de ces douaniers aux gros doigts qui « fermeraient les frontières » à l'aveugle.

IL FAUT ARRÊTER LA MONDIALISATION ON DOIT SE PROTÉGER

Mais protéger où ? Aux frontières de la France ou de l'Union ?

Qui espère encore, franchement, avec les Pays-Bas, l'Allemagne, l'Estonie, tous unis ? Ou bien n'est-ce qu'un hochet qu'on agite devant nous pour patienter ?

Sans même se lancer dans une critique de l'Europe, de ses fondements, de ses institutions : je ne crois pas à cette histoire qui avance à l'unanimité. Qu'on imagine le Front populaire, aujourd'hui, avec ce raisonnement : « "Deux semaines de congés payés" ? "Quarante heures par semaine" ? Nous, on est avec vous, répondrait Léon Blum à la foule, mais si on le fait tout seuls, jamais ça ne va marcher. La compétitivité des entreprises françaises va souffrir. Elles vont perdre des parts de marché. Et, au final, c'est vous, les salariés, qui risquez d'en pâtir. Donc, nous, socialistes français, socialistes européens, on vous a bien entendus. Ce qu'on vous propose, c'est qu'au prochain Conseil de l'Union, à Bruxelles, on présente une série de mesures à nos partenaires : pour que ces deux semaines de congés payés, cette loi des quarante heures, s'imposent (pas tout de suite, mais bientôt) dans tous les États. Qu'on fasse une Europe sociale ! »

Qu'on rejoue 1789 aujourd'hui, pourquoi pas, et il faut imaginer ça : « Une "Assemblée nationale", vous réclamez ça ? s'étonnerait Mirabeau. Qui déciderait à la place du roi ? Très bien, non, très bien, je le note. Voire "plus de roi du tout" ? Une quoi ? Une "république" ? Alors, bon, je comprends votre colère, on va tout mettre sur la table lors du prochain sommet, mais je tiens à vous prévenir : je ne suis pas certain que la Prusse sera cent pour cent d'accord. L'Autriche-Hongrie, n'en parlons pas. On peut rencontrer quelques sympathies démocratiques en Angleterre, mais sans plus… À mon avis, si on veut un régime républicain, si on le veut vraiment, il faut se donner le temps de convaincre nos voisins et que, lentement, toute l'Europe s'y mette. Ça prendra du temps, sans doute, mais c'est le seul chemin. »

C'est une leçon d'impuissance.

Est-ce que je prône, pour autant, le « repli sur soi » ? Au contraire, tout le contraire ! Et le premier geste de mon président rêvé, son premier voyage, aussitôt élu, devrait l'emmener à Madrid, à Lisbonne, à Rome, à Athènes, à faire le tour des capitales du Sud, à rencontrer ces peuples en souffrance, à discuter avec leurs dirigeants, qu'ils soient de droite, qu'ils soient de gauche, qu'importe, à nouer des alliances, à expliquer son expérience, à les inviter dans la danse, puis à s'en faire le porte-drapeau, le porte-voix à Bruxelles, Francfort et Berlin, tapant du poing, ouvrant dans un sombre horizon de résignation une lueur d'espérance. La voilà, à travers l'histoire, parfois, la grandeur de la France.

IL FAUT ARRÊTER LA MONDIALISATION
ON DOIT SE PROTÉGER

Mais protéger quoi, qui ? Non pas l'économie, même pas l'industrie, je ne suis amoureux ni du bruit des machines, ni des cheminées qui fument. Se protéger, évidemment, contre le dumping, social, fiscal, environnemental. Mais protéger, par-dessus tout, la démocratie. Que veut-on produire ? Que ne veut-on plus produire ? Des pneumatiques ? Des lave-linge ? Des sèche-linge ? Et où veut-on les produire ? Et à quel prix ? Et en travaillant combien d'heures ? Et en se levant en pleine nuit ? Ces questions ne sont plus permises, compétitivité oblige. Qu'on désire, demain, et à vrai dire je le désire aujourd'hui, qu'on désire limiter le trafic aérien, encadrer la chimie, conduire une mue de l'agriculture, partager temps de travail et revenus, interdire la publicité, élever le coût du transport, que nous répliqueront-ils tous ? « Vous allez nuire à la compétitivité », et ce sera vrai. Alors, cette protection, c'est le moyen qui, aujourd'hui, pourrait rendre au *demos* sa primauté, desserrer l'étau de la concurrence, rouvrir le champ des possibles. Protéger la vie, la vie sociale, la vie de la planète, contre cette « folie ».

MARINE À VOILE

Nicolas, marin, Bouches-du-Rhône

« Je travaille en ce moment sur un projet de bateau transportant des marchandises à la voile. Le coût actuel du transport est ridicule et ne permet pas de faire vivre un équipage. Par contre, des cargos n'employant que de la main-d'œuvre sous-payée débarquent chaque jour en France, battant pavillon de complaisance. L'idée n'est pas de toucher une clientèle aisée séduite par le fait que son café, son thé ou son rhum sera transporté à la voile. Je me bats pour la renaissance de ce type de transport, qui permettrait d'employer de larges équipages et de former beaucoup de jeunes dans plusieurs métiers en voie de disparition : voilerie, charpente, construction, réparation, navigation à la voile, matelotage... »

Paul Jorion : « Il nous faut une économie dirigée »

Quand l'heure du confinement a sonné, je lisais justement *Comment sauver le genre humain*, le dernier essai de Paul Jorion et Vincent Burnand-Galpin. Des tas de passages faisaient écho à la crise que nous traversons. Aussi, depuis ma cuisine, pour ma radio « L'An 01 », ai-je appelé l'anthropologue de la finance.

François Ruffin : Votre livre, c'est un éloge de l'« économie dirigée »…

Paul Jorion : Oui, c'est un coup d'État qui a eu lieu : l'économie dirige, et on ne dirige plus l'économie. D'un moyen, c'est devenu une fin. Du coup, on fait passer la vie des choses bien avant la vie des gens, la vie des rétroviseurs avant celle des gens qui font les rétroviseurs.

C'est la grande bascule, que l'on peut situer au XIXe siècle. Nous sommes passés d'une rationalité des fins – mobilisons nos ressources pour réaliser tel objectif, pour obtenir tel résultat – à une rationalité des moyens – minimisons nos coûts, et nous rebaptiserons ensuite « objectif » ce que nous constaterons avoir obtenu.

Les objectifs qu'il aurait fallu atteindre – « en y mettant les moyens » – ont été, sinon entièrement mis entre parenthèses, du moins subordonnés aux seuls coûts. Il n'a plus été question de « ce qu'il faut impérativement faire », mais de comptes d'apothicaire précisant « ce que cela coûte au centime près » : « Ceci est moins cher que cela, c'est donc ce qu'il nous faut : privatisons ! Sous-traitons au privé ! »

Keynes l'avait dénoncé dans un discours sur « L'autosuffisance nationale ». Je le cite : « Le XIXe siècle a promu jusqu'à la caricature le critère que l'on appellera, pour faire bref, les "résultats financiers" comme test permettant de déterminer si une politique doit être recommandée. Le destin personnel s'est transformé en une parodie du cauchemar d'un comptable. Au lieu d'utiliser leurs ressources techniques et matérielles, désormais beaucoup plus vastes, pour construire une cité idéale, les hommes du XIXe siècle construisirent des taudis ; et ils pensèrent que bâtir des taudis était la chose juste et recommandable, parce que les taudis, à l'aune de l'entreprise privée, "cela rapporte", alors que la cité idéale aurait été, selon eux, un acte fou d'extravagance qui aurait, dans le vocabulaire imbécile du monde financier, "hypothéqué l'avenir". » Keynes se fait lyrique : « C'est la même règle de calcul financier autodestructeur qui gouverne chaque domaine de notre quotidien. Nous détruisons la beauté des campagnes parce que les splendeurs inappropriées de la nature sont sans valeur économique. Nous serions capables d'éteindre le soleil et les étoiles parce qu'ils ne versent pas de dividendes... Ou encore, nous avons jusqu'à récemment considéré qu'il s'agissait d'un devoir moral de ruiner les cultivateurs de la terre et de détruire les traditions millénaires de l'art de l'élevage si cela nous permettait de payer la miche de pain un dixième de penny meilleur marché. Il n'y avait rien que nous ne jugions de notre devoir de sacrifier à ce Moloch et Mammon tout en un… » Et il conclut : « Car aussitôt que nous nous octroyons le droit de désobéir au critère du profit comptable, nous commençons à changer notre civilisation. C'est l'État plutôt que l'individu qui doit modifier son critère. C'est la conception du ministre des Finances en tant que président-directeur général d'une sorte de société cotée en Bourse qui doit être rejetée… »

Tout part de là.

Nous avons les moyens. Nous avons les moyens plus que jamais. Simplement, l'État se les refuse, ayant capitulé devant les grosses fortunes, devant la concentration de plus en plus grossière de la richesse en quelques rares mains…

F. R. : Dans cette crise du coronavirus, l'État montre que quand il veut, il peut.

P.J. : Oui. Les États des pays occidentaux sont comme des lions assoupis. Là, ils se réveillent devant les citoyens, sans doute pour notre bien commun. Mais pour les questions économiques, devant les puissances d'argent, ils ont fait le choix de se retirer.

Ces multinationales bénéficient de droits que les individus n'ont même pas ! Aux États-Unis, par exemple, les firmes peuvent financer les campagnes électorales sans plafond, sans limite. Alors que, pour les personnes, c'est borné à 8 000 dollars.

Ou encore l'*abusus*, c'est-à-dire le droit d'abuser, le droit de détruire. Dans presque tous les pays, ce droit s'est réduit pour les propriétaires, sauf dans un domaine :

celui des entreprises. Les actionnaires peuvent démolir les usines, les collectifs de travail, les savoir-faire, presque sans restriction.

Ce sont ces firmes qui décident des normes comptables, qui choisissent les soi-disant « prix Nobel d'économie », qui dessinent les politiques économiques. Et on devrait compter sur leur bienveillance, sur leur bonne volonté, pour financer le grand tournant écologique !

F.R. : Face à ce péril, vous demandez au contraire le réveil des États.

P.J. : L'avantage de la crise du coronavirus, c'est qu'elle est subite, soudaine, c'est un fléau, comme dans la Bible. Tandis que le réchauffement climatique, lui, il est en cours, mais au ralenti, à feu doux. À cause de ça, aujourd'hui, notre réponse à la menace d'extinction ne colle pas du tout, elle est absolument inadéquate, en taille et en vigueur.

Puisque Macron a parlé de « guerre », il nous faut une économie de guerre. L'économie doit être dirigée, c'est-à-dire pas nationalisée, mais guidée vers des objectifs : l'impératif social et l'impératif écologique. L'économie ne peut plus être libre, il faut l'orienter vers des fins, vers des buts, vers un plan général. En 1940, les dépenses militaires ne représentaient que 2 % du budget américain, contre 42 % en 1944 ! Cette année-là, l'impôt sur le revenu rapportait vingt fois plus qu'avant le conflit, l'impôt sur les sociétés seize fois plus… En Angleterre, grâce au rationnement, la pauvreté, la malnutrition ont diminué. Le gouvernement a interdit la fabrication d'objets : les pianos, les frigidaires, les tondeuses à gazon, la quincaillerie d'aluminium… Et même après la guerre, pour se reconstruire, pour redevenir puissante, la France s'est dotée d'un commissariat au Plan.

C'est le même effort qu'il nous faut mener. Pour que la transition écologique soit opérée, d'urgence, dans l'énergie, dans l'agriculture, dans les logements, dans les transports, pour que la vie sur terre se poursuive. Et même pour que la vie soit meilleure, pour tous, pas seulement pour quelques-uns. Quelles sont nos aspirations profondes ? La sécurité, pas seulement l'intégrité physique, mais matérielle, la faim, le froid, l'assurance d'un avenir, pour nous, pour les nôtres. La justice, qui est une valeur universelle, chez les singes même déjà, alors que notre société est minée par ça, par l'injustice, qui engendre du dégoût, du ressentiment, de l'écœurement. Enfin, la « bonne vie », comme Aristote appelait ça. « Tout ce que je veux, c'est labourer mon champ, jouer après le travail avec mes enfants, aller le dimanche danser ou écouter de la musique », résumait Wilhelm Reich, des choses simples mais pleines de sens.

Nous sommes dans une « économie des désirs », fabriqués en série par les industries, par les publicitaires. Nous devons tendre à une « économie des besoins » : l'alimentation, la santé, l'éducation, le logement, les transports, instaurer des droits à ça, avec de la gratuité. Qu'on distingue le nécessaire du superflu, qu'on les fasse relever de deux régimes économiques distincts.

F.R. : Et la crise d'aujourd'hui peut aider à ce basculement ?

P.J. : Ça peut. Ça peut aussi faire comme en 2008. On se disait : « C'est pas possible, ils ne vont pas avoir le culot de repartir comme avant. » Eh bien, si. Ont-ils interdit la spéculation ? Non. Mais ils n'ont même pas séparé les banques d'affaires et les banques de dépôt !

Cette fois-ci, on est prévenus. D'autant que notre priorité, désormais, c'est la survie du genre humain, rien de moins, et l'échéance n'est pas très lointaine, trente ans, cinquante ans. Alors, « les amis du plaisir », comme les appelait Aristote, s'ils ne comprennent pas l'intérêt général, il faudra les arrêter avec la police, les faire venir devant le tribunal... La patience des gens a des limites.

SOCIAL

« La reconnaissance de la Nation »

« TRAVAIL POUR MOI »

Rudy, doctorant, Côte-d'Or

« Depuis ce matin, des milliers de personnes ont travaillé POUR moi. Je pense à l'ouvrier verrier, l'ouvrière agricole, cette professeure, à ce jeune ouvrier d'une blanchisserie hospitalière.

D'autres jouent CONTRE moi. Eux décident que leurs usines fabriqueront des cigarettes, des avions, des munitions, des SUV, des prospectus. Eux décident de l'équilibre en sucre, sel et gras le plus addictif pour ma famille et la vôtre aussi.

A nous de décider à qui et comment nous confions chaque parcelle de pouvoir sur nos vies. »

« Tu as vu ? Ils vont même nous faire bosser lundi ! Le jour de Pâques... »

Je ramenais mes enfants chez leur mère, ce vendredi après-midi. Dans la rue, avec le mètre de « distanciation sociale » recommandé, j'ai croisé Nathalie, caissière, chez Carrefour je crois. Elle revenait du parc, son mari dans une main, la laisse du chien dans l'autre. « Comme si, dans un moment pareil, les gens n'avaient que ça à faire ! Pour se distraire ! Aller pousser le chariot... Le jour de Pâques ! On est réquisitionnés. »

C'était la nouvelle religion, je pensais dans ma tête, la Consommation, métaphore connue : les Produits comme dieux, la Publicité comme prophétie, les Hypermarchés comme temples. C'est pas la résurrection du Christ qui allait arrêter ce culte moderne...

« Je suis écœurée, écœurée. C'est pas seulement la peur du virus... Après une semaine à râler, on nous a installé des protections en plastique… Mais tu verrais l'ambiance, là-dedans ! C'est du délire. Y a plus un caddie sur le parking, ils sont tous partis, faut les nettoyer à la chaîne. Y a la queue devant le magasin. Au début, les flics venaient pour mettre le holà, pour que pas trop de monde rentre dans le magasin, mais c'est fini, ils ont renoncé, le directeur fait rentrer la foule. C'est la foire, une foire glauque. Les gens viennent tous les matins, c'est leur sortie on dirait, pour acheter une bouteille de whisky, un paquet de gnocchis, trois babioles… Et le patron ouvre tous les dimanches. On doit bosser. Ça, tout s'arrête, tout peut s'arrêter, mais pas le commerce, même pas une journée. Le parc Saint-Pierre est fermé, mais nous on est ouverts sept jours sur sept, même les fériés… De ce côté-là, y a pas de répit pour le profit. »

Le caniche tirait sur la laisse.

« Bon, le seul truc que je vois, c'est qu'à la fin de l'année ça va me faire une prime d'intéressement… »

Dans ma boîte courriel, un peu surchargée, j'avais reçu un communiqué de Guy Laplatine, délégué CFDT d'Auchan, avec une lettre type à remplir :

« Monsieur le Préfet de ………

Le XX avril 2020

Monsieur,

Nous trouvons inconcevable que beaucoup de commerces restent ouverts les dimanches matin et les jours fériés en cette période de pandémie Covid-19. Nous vous demandons leur fermeture sur le département de .... durant cette période compliquée. Les clients étant en confinement, ils ont le temps nécessaire pour effectuer leurs achats de nécessité sur la semaine. Ces ouvertures dominicales ou fériées sont le plus souvent des moments récréatifs rassemblant des foules plus qu'une nécessité impérieuse… »

J'en avais touché un mot à ma préfète, au milieu de nos échanges sur les surblouses, les crèmes hydratantes, les combinaisons à usage unique, etc. On avait de quoi papoter.

« Ah bon ? Les grandes surfaces ouvrent lundi ? elle m'avait répondu, surprise.

– Ça ne passe plus par vous, les autorisations ?

– Non, c'est fini, ça. »

J'aurais dû m'en souvenir, pourtant.

J'avais suivi le conflit, sous Sarkozy.

« Faites un effort pour l'entreprise ! » Dès 8 heures du matin, ce dimanche, Corine s'énervait dans sa cuisine, courant entre le rôti qui cuisait dans le four, la machine à café, les oranges à découper. Je la suivais, micro en main, pour « Là-bas si j'y suis ». « Mais moi, ce discours-là, je ne pouvais plus l'entendre. Parce que des efforts, j'en fais tous les jours depuis dix-huit ans. On balaie, on nettoie le parking, on passe l'autolaveuse, on met en rayon, quand y a du monde on passe en caisse. Et le soir, quand un client arrive à sept heures moins cinq, ou quand une livraison a du retard, ou quand un frigo lâche et qu'il faut tout transférer, on fait du bénévolat pour Ed. Alors, vous voyez, tout ça, me demander de faire un effort de plus et d'ouvrir le dimanche, je me suis dit : non. » La loi Mallié venait de passer qui, bien sûr, réaffirmait « le principe du repos dominical », mais qui, en vérité, étendait les « dérogations » : « Les commerces de détail alimentaire pourront rester ouverts le dimanche jusqu'à 13 heures », à la bonne volonté des maires et des préfets. Pour Corine, ça ne passait pas, c'était non. C'était même 66 fois non : elle se préparait, en cet hiver 2010, pour son 66e dimanche de grève.

« On descend de la montagne pour virer Sar-ko,
On descend de la montagne pour virer Sar-ko... »

Sur le parking d'Ed, le comité d'accueil est fourni, bien une centaine de personnes, avec chorale, galette des rois, vin chaud, la moitié du conseil municipal, monsieur le maire, des élus de la région, du département, un genre de forum, une agora au milieu du béton, des pompes à essence, des caddies. La sono couine. « Si on est tous rassemblés aujourd'hui, annonce Fabienne (de Géant), c'est grâce à Bernard... Si, si, Bernard, ne va pas te cacher... grâce à Bernard qui anime notre "collectif commerce" depuis des années maintenant... » Applaudi, Bernard Anxionnaz rougit. Prêtre ouvrier à la retraite, secrétaire de l'union locale CGT, il a passé des matinées dans les supermarchés à arpenter les allées, à discuter avec les employées, à sonder les cœurs, à repérer les plus rouges.

« Bon, moi, je suis maman, pas encore grand-mère, et je ne tiens pas à ce que nos petits-enfants aient cette éducation-là, à faire leurs courses le dimanche. » Au micro, c'est le tour de Corine : « La consommation, la surconsommation, ça suffit ! On a autre chose à faire ensemble. Regardez autour de nous, levez la tête, on a toutes ces montagnes… On peut partir en balade, faire des raquettes, du ski, du vélo, respirer l'air pur… C'est pas la peine d'aller encore au magasin le dimanche. »

« Même payée double, je n'aurais pas voulu ! » proclamait à son tour Valérie.

Cliente après chaland, tracts en main, elles tentaient tant bien que mal d'imposer une « grève des caddies », au son de : « Il faut qu'on persuade les consommateurs. » C'est de la foutaise. Jamais je n'ai cru à cette histoire de « consommation citoyenne », d'« achats éthiques », etc. Le même refrain, toujours. Y a dix ans déjà, alors que Whirlpool délocalisait ses lave-linge d'Amiens vers la Slovaquie, le délégué CGC m'avait sorti qu'« il faudrait des étiquettes Made in France pour que les consommateurs… ». J'avais grimacé : « Mais quand on entre dans un supermarché, le cerveau est remplacé par un porte-monnaie ! »

Cette illusion du « je-vote-avec-mon-caddie » venait écarter la politique, le bulletin de vote, et surtout la loi. Si on ne veut pas de délocalisations, il faut exiger des lois pour ça. Si on ne veut pas travailler le dimanche, il faut encore une loi.

« Vous savez ce que vous devriez faire ? je conseillais Corine and Co., en député avant l'heure. Vous devriez écrire une "proposition de proposition de loi".

– Nous ? réagit Fabienne, surprise. Nan, quand même pas, on est des caissières…

– Et les patrons, vous croyez qu'ils ont ces pudeurs ? Ils les rédigent, eux. »

Elles s'étaient mises au stylo, les semaines suivantes, avec Bernard, avec les cocos, avec une inspectrice du travail. Dans l'espoir d'un « après-Sarko ».

Mais, sollicité, Hollande n'avait pas bougé.

Au contraire, la « loi Macron » était arrivée, en 2015. Qui étendait encore les dérogations sur la base – on s'en doute – du « volontariat », et en échange de « contreparties » dans le cadre d'un « accord collectif ». De quoi « permettre de s'adapter au réel », défendait le ministre de l'Économie, d'« uniformiser les règles de compensation », « de manière très protectrice pour les salariés », « c'est une garantie et une avancée de la justice », etc. C'était l'urgence pour « stimuler l'économie ». Notre salut collectif, notre « compétitivité » passaient par là, ça va de soi, par la flexibilisation de Corine et de ses copines : « Bien sûr que je suis dégoûtée, on sent cocues. Encore… » La

« dérogation » était devenue la norme, nous étions revenus un siècle un arrière, avant la loi de 1906 qui instaurait le repos dominical, et nous en tirions une fierté de « modernité ».

Nous nous y sommes coulés, dans cette nouvelle norme.

Mais ça ne suffisait pas : qu'avaient donc encore dans leurs cartons le gouvernement, le président, avant cette crise ? Une ordonnance pour « assouplir le travail de nuit ». C'était prévu : que les commerces ouvrent jusqu'à minuit, comme « dans le cinéma, dans le spectacle ou dans les discothèques », écrivaient-ils. Sans doute pour le bonheur des caissières, sans doute ces Nathalie seront-elles à nouveau « volontaires » malgré elles…

Ce soir, à Mulhouse, Emmanuel Macron a changé de ton. Il les a citées, parmi d'autres :

« Je veux aussi saluer l'ensemble des femmes et des hommes qui sont en deuxième ligne, qui permettent à nos soignants de soigner et au pays de continuer à vivre. Ce sont les femmes et les hommes qui transportent, qui hébergent, qui nettoient, qui réparent. Ce sont nos agriculteurs, ce sont l'ensemble des femmes et des hommes qui sont dans le secteur de l'alimentation, des commerces de première nécessité, ce sont nos livreurs, nos caissiers et nos caissières, c'est tout ce peuple travailleur de France […].

Je veux ce soir avec beaucoup de force les remercier et leur apporter tout le soutien de la nation. »

Elles sont « remerciées », tant mieux. Et après ?

Les papiers fleurissent, ces temps-ci, qui rendent « Hommage aux caissières » (France Inter), « Les caissières en première ligne » (*Le Monde*), « Aux caissières, la patrie reconnaissante » (*Marianne*), etc. Et après ? C'est quoi l'avenir pour elles, après ? Le respect ? La fiche de paie rehaussée ? L'emploi du temps moins haché ?

« L'après-corona, ça sera la caisse automatique, prévoit Delila, chez Carrefour. Ils vont en profiter. »

*

« Est-ce qu'on va la toucher, nous, la prime ? » Géraldine a appelé le député : « On a demandé à être reconnues. Pas forcément avoir les mille euros, mais au moins un geste. Les soignants reçoivent une aide pour le carburant, pas nous… »

Elle est agent d'entretien, elle, au CHU d'Amiens, via Onet. « Avant, l'hôpital embauchait des femmes de ménage directement. Maintenant, il nous a délégué les couloirs, les communs, et depuis pas longtemps même les chambres… » C'est son chantier du soir, ça, de 16 h 30 à 19 h. Le matin, de 6 h à 9 h, avec Absolu Services Propreté, elle nettoie à l'université. Plus des heures dans des boîtes de la Zone. Le temps de

CAISSES AUTOMATIQUES

Guillaume, professeur des écoles, Somme

« Chaque semaine, je vais faire mes courses à Géant le mercredi matin. Une caissière est venue à ma rencontre pour m'informer qu'il y avait une caisse libre un peu plus loin. Elle m'a accompagné jusqu'à une rangée d'une dizaine de caisses automatiques grand format toutes neuves spécialement conçues pour recevoir des caddies complets.

Elle m'a expliqué que Géant avait beaucoup investi dans ces caisses et que l'objectif était d'y attirer 60 % des clients. Dans ce but, ils organisent une pénurie de caissières aux caisses manuelles pour contraindre les clients à utiliser les machines. Dans le même temps, ils obligent le personnel (d'autres caissières) à dire aux gens qui attendent leur tour que des caisses automatiques sont disponibles.

À Géant Glisy, tout près de chez nous, on oblige donc des caissières à détruire activement leur propre emploi, en utilisant de plus l'intimidation ! »

transport entre eux, treize heures d'amplitude horaire, et même pas le smic à l'arrivée. D'où le maigre espoir : « La prime, c'est au bon vouloir du patron. »

Cet « outsourcing », un ancien directeur des ressources humaines me l'avait raconté de l'intérieur. « Au bout de trente-cinq ans chez R. » – le nom d'une multinationale, ici très célèbre, de l'agroalimentaire que Thierry tient à garder secret –, « ils m'ont licencié pour "insuffisance professionnelle". Les dernières années, il fallait réduire les postes, notamment d'entretien. Tout s'est brusqué sur les femmes de ménage. Jusque-là, elles faisaient partie de l'entreprise, salariées de R., avec tous les avantages. Le comité d'entreprise, les chèques vacances, le Noël des gosses… y avait Lucette, Andrée, Sylviane, on les tutoyait, elles avaient leur vestiaire, elles prenaient le café dans la salle de pause. Elles terminaient à 1 900 euros, avec le treizième mois en plus, des primes. Y avait des absences, certes, ça arrivait, des gosses à garder, ou un lumbago, m'enfin, le boulot était fait, personne ne se plaignait. Et puis, est venue l'idée, l'ordre plutôt, de sous-traiter. D'externaliser. On est passés par une société privée, un cadre est venu établir le devis : surface au sol, surface de vitres, surface industrielle, surface de bureau, nombre de toilettes, il a tout mesuré, calculé. Et ensuite, on ne les voyait plus, ces femmes, elles arrivaient tôt, à 5 h du matin, à 8 h elles étaient reparties. Des fantômes. Ça n'était que des temps partiels. J'ai échangé, une fois, avec l'une d'elles : elle cumulait trois chantiers dans sa journée, notre usine le matin, des assurances le soir, un particulier dans l'après-midi. Ça lui faisait 800 euros. Et nous, tous les ans, on comprimait les tarifs du sous-traitant. On serrait de 2,5 %, 1 %. C'était un gros marché, pour eux, ils étaient tenus à la gorge.

On a fait grosso modo pareil sur les vigiles.

C'était contre ma nature, tout ça. La direction me reprochait mon humanité. Un beau jour, ils m'ont dit : "Tu n'es plus dans la course." C'était au printemps, une journée ensoleillée, en deux heures de temps tu mets tes affaires dans un carton, tu désactives ton ordinateur, c'est fini. Après un temps de doute, je les ai mis aux prud'hommes, j'ai touché un gros chèque. Mais l'argent ne répare pas tout. »

« L'intensification des processus de "déconcentration productive" et de "concentration économique" s'observe à travers la croissance de la part de l'emploi occupé dans les PME et la progression du poids des grands groupes. » C'est l'Observatoire des PME qui baratine comme ça. Mais cette prose, pour jargonnante qu'elle soit, résume bien un double mouvement : les grosses entreprises comptent de moins en moins de salariés, et pourtant elles pèsent de plus en plus lourd économiquement. Grâce notamment à « l'extension du phénomène d'externalisation », doublée, côté État, d'une « politique de l'emploi de plus en plus nettement orientée en faveur de la création d'entreprises ». Dans l'idéal, les multinationales se rêvent sans salariés, déléguant ça à des sous-traitants ou à des autoentrepreneurs. L'« ubérisation » ne serait que la partie émergée, visible, caricaturale, de ce processus…

Cette sous-traitance, j'en vois les dégâts. Chez Whirlpool, chez Goodyear, avant même les fermetures. Mais dans les lycées, les collèges, également: « Faut nous défendre, m'interpellait une dame dans ma rue. Le département nous fait passer au privé, ils nous ont dit: "Vous n'êtes pas dans notre cœur de métier." Nous, on a traduit: "Du balai, les balais!" » Combien de témoignages j'ai recueilli dans les quartiers, ou même dans les villages, avec des femmes de ménage ultra-précarisées, jonglant entre contrats emploi solidarité pour la mairie, contrats uniques d'insertion pour l'hôpital, chèques emploi service pour un papy... Et jusqu'à l'Assemblée, avec ses lustres et ses dorures, mais qui ne brillent pas tout seuls: « J'habite Les Mureaux, me disait Graziella. Je me lève à 4 h, je prends le bus à 4 h 53, il m'amène à la gare à 5 h 03. Là en principe j'arrive à Saint-Lazare à 6 h 10. Mais, souvent, le train est en retard. Des fois, je pleure. Ensuite, après le travail, je retourne à 9 h 07...

– Donc, vous venez pour trois heures?

– C'est ça. Depuis 1993.

– Vous faites tout ça pour 30 euros?

– Voilà. On n'a pas le choix. »

Ça, sous notre nez, alors que les députés touchent leurs 5 148,77 euros... J'ai appelé un prestataire: « Vous savez, monsieur Ruffin, m'a répondu la directrice, mon objectif, c'est d'aller vers le temps plein. Mais il faut que j'aie des demandes du donneur d'ordres. Le treizième mois existe chez d'autres clients, il y a des négociations tripartites avec les syndicats. Si jamais les clients ne réclament pas ça, nous avons les mains liées, et ça ne se fait pas. »

J'espérais changer ça, un peu au moins, durant mon quinquennat parlementaire. Les intégrer dans la fonction publique, il ne fallait pas rêver, mais des salaires au-dessus du smic, moins de temps partiels contraints, le treizième mois pas que pour les cadres, et des horaires aménagés, pas forcément à l'aube, avant l'ouverture des locaux et des bureaux. En vain. Le questeur, avec ses 12 200 euros brut, son maître d'hôtel-chauffeur offert par l'Assemblée, son appartement de fonction au sein du palais Bourbon, se faisait, avec les Graziella, le champion de l'austérité, avec mille arguties juridiques à la clé.

J'ai appelé Graziella.

L'Assemblée fermée, on l'a appelée en renfort dans le RER. Sans masque ni prime. À 10,22 euros de l'heure.

Les voilà héroïsées, désormais, dans la presse, effectuant « une mission civique de salubrité » (*Ouest-France*), « l'armée des ombres des hôpitaux » (*Le Monde*), jouant un « rôle indispensable » (*Huffington Post*), « invisibles et essentielles » (*Le Figaro*)... Et après ? Va-t-on encadrer, ou interdire, la sous-traitance ? Pour éviter la maltraitance ? Leur donner les mêmes « avantages » qu'aux salariés du donneur d'ordres : « comité d'entreprise, chèques vacances, le Noël des gosses », avec surtout le même taux horaire, les mêmes primes, l'ancienneté qui s'applique ? Que le recours à l'« outsourcing » ne signifie plus dumping social ? Et aussi, et cela participe d'une même logique, que les heures tôt le matin (avant 9 h) et tard le soir (après 18 h) soient surpayées, de 50 % par exemple ? Pour leur éviter les horaires décalés, pour que « les femmes et les hommes qui nettoient » soient intégrés au collectif de travail, et non plus « invisibles » ? Que les entreprises leur confient des pleins temps en journée, et non plus des bouts de mission ?

Ou bien, tout simplement, nous ne ferons rien. Oublier, tout peut s'oublier…

*

« Égalité. »

C'est le grand mot absent, pour moi, des discours de ce printemps. Malgré ses envolées, jamais Emmanuel Macron n'a prononcé ça, « égalité », pourtant au cœur de notre triptyque républicain : « Liberté – Égalité – Fraternité ».

À la racine « part- », dans les allocutions présidentielles, on trouve « chômage partiel », « partout », « départements », « appartement », etc.

Mais de « répartition » il n'est jamais question.

Quant au « partage », on le trouve au bas de chaque texte sur le site de l'Élysée : « Partager cet article sur LinkedIn. Partager sur Twitter. Partager sur Facebook. » Dans le propos lui-même, le « partage » s'entend plus dans : « Vos questionnements, je les partage », « Ce soir, je partage avec vous ce que nous savons », à la rigueur « Chacun peut prendre sa part d'aide à l'autre » ou « sa part de l'effort collectif », mais le « partage des richesses » n'est jamais évoqué.

Dans notre rapide exercice lexicométrique, la « justice » est absente, zéro occurrence, et l'on trouve encore moins « justice sociale ». Rien, rien de cette immense aspiration, humaine, éternelle : « justice ».

Dans son esprit, elle n'existe pas.

Alors que c'est, d'après moi, aujourd'hui, le grand malaise français : le sentiment d'injustice, l'inégalité qui ronge le contrat social, le partage en berne. Ceux qui ont tout, ceux qui ne sont rien. Et aucune rupture n'est engagée ici.

*

« J'ai même récolté une amende… » À Abbeville, Martine me raconte ça en enfilant les bas de Mme Galand, ex-dame pipi à la mairie. « Entre deux personnes âgées, je me suis dit : "Tiens, ce soir, je mettrais bien un peu de gruyère sur mes pâtes." Je me suis rendue au supermarché pour acheter un sachet et, en sortant, les policiers m'ont contrôlée. J'ai donné mon attestation de déplacement professionnel. "Mais ça, c'est pour vous ? ils m'ont demandé en montrant le fromage. – Bah oui. – Et vous avez un papier pour les produits de première nécessité ? – Bah non." J'aurais dû mentir, dire que c'était pour une vieille dame… Le gruyère m'a coûté 135 euros. Déjà qu'on ne gagne pas lourd. »

Avant que ce virus ne stoppe tout, j'étais chargé, à l'Assemblée, d'une mission d'information sur « les métiers du lien », co-rapporteur avec mon collègue marcheur Bruno Bonnell. De Paris à Dieppe, du Salon des métiers de service à ma permanence, nous enchaînions les auditions. Et j'avais déjà entendu Martine, retranscrit la rencontre pour la future rédaction :

> « Ça, c'était ma journée d'hier. »
>
> Elle nous tend son PDA, son assistant électronique.
>
> « Quand je rentre chez une personne âgée, je pointe avec ça, y a un boîtier contre le mur. Quand je sors, je pointe. Et c'est là-dessus que l'association m'envoie des messages : "Bonjour, les plannings clients sont dans vos casiers."
>
> – Donc, tu as débuté à 8 h ?
>
> – Oui, chez M. T.

– Pour trente minutes ?

– C'est ça. Il faut faire vite, ouvrir les volets, le soulever, la toilette, le bol au micro-ondes… J'avais un quart d'heure chez Mme B., mais un quart d'heure, ça vaut pas le coup. J'avais à peine le temps d'enfiler ses bas. Maintenant, c'est une demi-heure minimum. Quand j'étais en Touraine, c'était plus tranquille, on avait une heure, jamais moins, parfois deux heures, on pouvait bavarder, et les horaires montaient vite. Je faisais 1 200 euros, 1 300 euros, je dépassais toujours le smic…

– Ensuite, tu as un quart d'heure de battement ?

– Oui. C'est le temps de déplacement.

– Il est payé ?

– Comme hier j'étais en mode prestataire, oui.

– Donc, si je compte bien, tu enchaînes quatre visites le matin, avec une grosse pause le midi…

– Ça me permet de rentrer chez moi.

– Quatre visites en fin d'après-midi, et là tu as un trou de deux heures…

– Je suis restée dans ma voiture. J'en ai profité pour passer des appels, faire le lien avec les collègues pour aujourd'hui : “M. T. a une escarre aux fesses… Mme L. t'attend vers midi…” J'ai rassuré Mme L., derrière, elle est toujours inquiète quand il y a un changement d'AVS, elle a peur qu'on l'oublie.

– C'est pas compté comme du temps de travail ?

– Non, jamais.

– Et tu termines à 20 h 30 ?

– 21 h. À 21 h, j'arrête.

– Donc, une amplitude de douze heures, un peu plus.

– C'est ça. Il faudrait une prise en compte de l'amplitude horaire. Si je pars pendant huit heures, je suis payée huit heures.

– Tu fais ça combien de jours par semaine ?

– Six jours. Et deux dimanches sur trois. Un week-end en prestataire, un week-end en mandataire, et le troisième en repos. Faut dire que je prends tous les remplacements, y a quatorze AVS en arrêt maladie sur mon secteur…

– Tu pourrais me montrer ta fiche de paie, maintenant ? »

Martine sort un dossier de son sac.

« Ça, c'est ma feuille d'octobre. »

Je vois 110,96 heures.

Et en face, en net, 759,18 euros.

« Je touche à peu près 800 euros par mois, mais après ma saisie sur salaire ça me fait 759 euros, parce que je n'ai pas payé mes impôts locaux. C'est complété avec du RSA activité. Et ma fille touche 300 euros de pension…

– Tu as quoi, comme avantages, à côté ?

– Comme avantages ?

– Je ne sais pas, les tickets restau ?

– On n'en a pas.

– Les frais de déplacement ?

– C'est 35 centimes du kilomètre. Ma voiture est tombée en panne, je n'avais pas les moyens de la réparer. Durant un an et demi, j'ai fait du vélo tous les jours, par tous les temps, à soixante ans. L'association n'avait pas de véhicule professionnel ni de vélo électrique à me prêter. Ce qui serait bien, c'est 1 000 euros. Si j'avais 1 000 euros, je serais contente… »

Je ne vais pas rendre notre rapport avant le rapport. Mais enfin, dans une introduction prérédigée, je m'interrogeais :

« Pourquoi, alors, cette maltraitance des aidants ? Pourquoi les politiques publiques entérinent, voire encouragent, financent, cette indécence salariale, plutôt que de la combattre ? Pourquoi ne pas viser, pour ces femmes, le travail décent ?

Parce que ce sont des femmes, justement : à 87,3 %.

Et des femmes pauvres : en moyenne, le temps de travail rémunéré est de 26 heures et le salaire net mensuel est de 832 euros.

Et des femmes peu diplômées, souvent : 80 % des intervenants ont un niveau inférieur au BEP.

Et des femmes étrangères, parfois : 14,5 % dans les services à la personne.

Les dominations s'ajoutent, de genre, de classe, d'origine. Ou, dit autrement, elles cumulent les “fragilités”.

Elles paient même de leur santé : ces métiers sont plus accidentogènes que le bâtiment et travaux publics, avec des troubles musculo-squelettiques, des vertèbres déplacées, des dos broyés à force de porter. Le coronavirus aujourd'hui en plus...

Au-delà même des revenus, elles sont dépourvues de statut, non reconnues, un lumpenprolétariat des services.

Quel paradoxe ! Car tous les discours, toutes les proclamations de bonnes intentions en dégoulinent : "Ces femmes s'occupent des êtres qui nous sont les plus chers, les plus précieux, nos personnes âgées, handicapées... Elles prennent en charge les plus fragiles... Elles sont le fondement de notre société..." Quel gouffre entre les paroles et les actes ! Valorisées dans les mots, dévalorisées dans les faits. »

Et je crains que, aujourd'hui encore, le gouffre perdure entre les paroles – « la reconnaissance de la Nation », les « remerciements » au sommet de l'État – et les actes.

*

Une phrase a surgi des lèvres présidentielles, enfin, au quatrième, ou cinquième, ou sixième discours (on ne les compte plus) :

« Il nous faudra nous rappeler aussi que notre pays, aujourd'hui, tient tout entier sur des femmes et des hommes que nos économies reconnaissent et rémunèrent si mal. "Les distinctions sociales ne peuvent être fondées que sur l'utilité commune." Ces mots, les Français les ont écrits il y a plus de deux cents ans.

AVS

Émilie, assistante sociale

« Je suis pour la création d'un service public qui puisse intégrer les auxiliaires de vie sociale, leur assurer un minimum de revenu, les former tout au long de leur carrière. »

Nous devons aujourd'hui reprendre le flambeau et donner toute sa force à ce principe. »

Ça venait là, finalement, brièvement, comme une allusion, comme une promesse : « donner toute sa force à ce principe ». C'était annoncer, tout bonnement, une révolution, ou la poursuite de cette Révolution-là, tant aujourd'hui « les femmes et les hommes » les plus utiles sont souvent les moins bien payés. Et, inversement, « les femmes et les hommes » les plus inutiles, aux occupations les plus futiles, voire nuisibles, sont les mieux payés : traders, publicitaires, managers. C'est toute une hiérarchie qu'il faudrait réviser.

Sur ce grand chambardement annoncé, des pistes étaient les bienvenues...

*

Je pourrais faire les routiers, encore, et les agents de sécurité, les caristes et les cyclistes de chez Deliveroo, mais je veux généraliser, comme l'énonce le président, à toutes « les femmes et [à tous] les hommes qui transportent, qui hébergent, qui nettoient, qui réparent », « nos livreurs, nos caissiers et nos caissières », à « tout ce peuple travailleur de France », je veux généraliser, en gros, à tous les métiers des classes populaires. Ça fait trente ans qu'on les « flexibilise », « assouplit », « temps-partiellise », « externalise », « sous-traite », « intérimairise », « smicardise » et même « sous-smicardise », et maintenant « ubérise », au nom de la « compétitivité », au nom de la « rentabilité »... Ça fait trente ans qu'on sépare, comme un couperet, le bon grain de l'ivraie, « ceux qui réussissent », qui réussissent leurs études, d'abord, supérieures pour des êtres supérieurs, les diplômes comme il faut, qui réussissent leur vie, qui « créent de la valeur » avec leur « audace » et leur « talent », et les autres, les « petites gens » on disait, les « gens qui ne sont rien » désormais, les laborieux, qui ont la chance, déjà, que les premiers créent du travail pour eux... Depuis trente ans, des lois, des lois aux noms ronflants, « Loi relative au travail, à la modernisation du dialogue social et à la sécurisation des parcours professionnels », des lois aux jolis motifs, « Loi en faveur du travail, de l'emploi et du pouvoir d'achat », « Loi pour l'égalité des chances », « Loi de modernisation de l'économie », des lois, des ordonnances, des décrets, sur le « Code du travail », sur les « conventions collectives », sur les « comités d'hygiène et de sécurité », des lois érodent les protections,

CORDONNIER

Marc, comédien, Drôme

« Je lis la *Lettre aux paysans sur la pauvreté et la paix*, de Jean Giono. Il parle de son père cordonnier qui vivait heureux et libre car il avait un savoir-faire : fabriquer des chaussures. Il pouvait travailler ou aller se promener, dire merde à son patron et travailler seul, tout le monde aura toujours besoin de chaussures. Liberté perdue s'il travaillait pour l'entreprise Bata à être le maillon d'une chaîne. Ce système lui aurait enlevé sa liberté, sa vie. »

des lois favorisent les favorisés, fragilisent les fragiles. Et la plus terrible des lois, la « loi du marché », la loi qui murmure à la conscience, en permanence : « Y en a cinquante comme toi qui attendent dehors », et il n'est même pas besoin qu'un manager ou un directeur l'énonce, on le sait, on l'a intégré, on se tait... Ça fait trente ans, pour parler syndical, qu'on « dégrade leurs conditions de travail », ou, pour le dire comme eux, plus crûment, qu'on les « traite comme de la merde », trente ans qu'ils courbent l'échine, il faut bien, la peur, la peur du lendemain, la peur du chômage, et quand ils redressent la tête pour un hiver en jaune, quand ils se relèvent, on leur envoie, sur les ronds-points, bulldozers, matraques et lacrymos.

« Société de services », on dit, mais qui suppose des serviteurs et des servis. Et je me range, malgré moi, dans la seconde catégorie : complice d'une servitude. Une course au Carrefour Market, en soirée, et ce sont des étudiants, des étudiants pauvres, qui approvisionnent les rayons, et derrière, qu'on ne voit pas, les autres, dans les plateformes logistiques, les commandes vocales, le casque sur les oreilles toute la journée… Un tour à l'hôtel, ça m'arrive souvent, et qui a bordé mon lit ? Qui demain changera les draps ? Qui rangera les serviettes pour la douche ? Je récupère ma petite Ambre au centre périscolaire, Farida lui fait bâtir une cabane, Léna fabriquer des colliers de perles, et je connais leurs galères d'« animatrices vacataires », cinq ans, dix ans sur une liste, pour une place, et le smic presque comme une douce rêverie… Je n'en consomme pas, mais je les vois bien, les Uber Eats qui parcourent la ville, les Deliveroo, des jeunes gars, noirs souvent, ou maghrébins, sur leur vélo ou leur scooter… Et le train, pour vider les poubelles ? Et les serveurs au restaurant ? Et les assistantes maternelles ? Et la station essence sur l'autoroute ?

Nous sommes des assistés, assistés par une nouvelle domesticité :

> « L'invisibilité imposée à ceux qui assument les tâches ménagères, compare Mona Chollet, n'est plus aussi spectaculaire que dans ce manoir du Suffolk où les serviteurs devaient tourner leur visage contre le mur quand ils croisaient un membre de la maisonnée. Pourtant, elle demeure. Une campagne de

communication de l'Agence nationale des services à la personne montrait "des aspirateurs et des pulvérisateurs de nettoyants pour vitres qui semblaient animés par l'opération du Saint-Esprit"… » Et l'essayiste de nous emmener chez le plus célèbre des magiciens, Harry Potter : « Dans les familles riches ou à Poudlard s'activent les elfes de maison qui ne touchent aucun salaire. Comme leurs homologues humains, ils sont condamnés à la clandestinité. À l'école des sorciers, ils nettoient les salles communes la nuit, quand les élèves dorment, et les dortoirs le jour. Mais leur invisibilité atteint son paroxysme au réfectoire : à l'heure des repas, des montagnes de victuailles apparaissent sur les tables, comme surgies du néant. Il faut plus de deux ans de scolarité à Hermione pour réaliser que les plats sont envoyés depuis les cuisines par des elfes. À la suite de cette révélation, elle refuse un temps de s'alimenter, révoltée à l'idée que son bien-être repose sur un esclavage. Cette sensibilité sociale prononcée suscite l'incompréhension et la réprobation de son entourage. "Ne va pas leur mettre des idées en tête en leur disant qu'il leur faut des vêtements et des salaires !" la prévient l'un des jumeaux Weasley. Mais Hermione persiste et fonde la Société de libération des elfes de maison… »

Tous nos actes sont liés à cette injustice.

Des différences sont acceptables, sans problème. Mais quand elles deviennent un fossé, qui s'est creusé, qu'on a creusé, elles créent des

« dissemblables », elles rendent illusoire une société d'égaux, de citoyens. Elles installent une honte qui nous hante, des deux côtés, les yeux qui s'évitent, une culpabilité qui ronge. C'est un refoulé social, et d'autant plus aisément refoulé que ces métiers, la plupart, sont invisibles, sont comme à l'arrière-plan de nos vies, dont ils forment la trame.

Ce Covid-19, c'est le retour du refoulé.

C'est l'invisible qui apparaît, la trame de nos vies qui passe au premier plan. C'est un « révélateur », comme on le disait en photo du temps de l'argentique, le révélateur d'une frontière, d'un cordon sanitaire : qui se tient devant, qui se tient derrière. Et il suffit de voir ces images du RER, aujourd'hui, à la télé, de cette Seine-Saint-Denis qui vient servir Paris, des rames bondées de travailleurs comme si de rien n'était : alors qu'on nous prône, officiellement, le « confinement » et la « distanciation sociale », eux, elles, sont entassés, masque sur le nez, écrasés les uns sur les autres, de couleur, presque tous, presque toutes, qui se lèvent tôt pour nettoyer, soigner, surveiller. C'est patent : leur santé compte moins que la nôtre.

Ce virus n'apporte aucune égalité, il vient au contraire souligner, signaler, une inégalité : les « citoyens » d'un côté, et, de l'autre, non pas les esclaves, n'exagérons rien, mais les « sous-citoyens », nos larbins. Et je doute, je doute fort, qu'un moment de compassion, de « reconnaissance », ou même une citation de la Déclaration des droits de l'homme

NOUS, LES INTÉRIMAIRES

Nathan, préparateur de commande, Nord

« Après une dizaine de jours de confinement, les magasins sont toujours approvisionnés, et ce parce que les plateformes de tri alimentaire continuent de fonctionner. Des plateformes qui fonctionnent majoritairement avec des intérimaires. Et encore une fois, nous, les intérimaires, les travailleurs de l'ombre, allons être mis de côté.

Tous les six mois, nous sommes en tiers temps. Pendant deux mois, nous sommes au chômage. Avec le délai de carence, les congés payés, etc., nous touchons environ 1000 euros de Pôle emploi. Les employés ont un treizième mois et une prime sur l'intéressement, les intérimaires, non.

C'est un travail fatigant, éreintant, usant, la liste est longue. Très peu gratifiant et valorisant. Tout ça pour être payé au smic. On nous refuse des logements ou des prêts parce que nous sommes intérimaires, même si nous travaillons tous les jours.

Pourquoi nous acceptons tout ça, me direz-vous ? Tout simplement parce que nous n'avons pas le choix : si on ne travaille pas, on n'est pas payé. Évidemment, nous ne sommes pas les héros que sont les soignants. Et il n'est pas question de demander que l'on double nos salaires ou que l'on nous offre tous des CDI. Mais nous voulons simplement la reconnaissance que nous méritons.

Signé : une fourmi parmi tant d'autres. »

suffisent pour abolir cette frontière, pour qu'on égalise les conditions.

*

Sous la plume élyséenne, il y a d'autres oublis : « multinationales », « PDG », « actionnaires », « profits » sont également tabous. Pas seulement aujourd'hui à la Salpêtrière ou à Mulhouse, mais durant toutes ces années : ni devant le Congrès, ni lors de ses vœux, ni au 14 juillet Emmanuel Macron ne les prononce.

J'ai déjà écrit, ailleurs, et longuement, sur les commanditaires de son élection, qui doivent demeurer dans l'ombre, comme les marionnettistes qui tirent les fils. J'ai déjà écrit, trop, sur le magot, sur le « hold-up tranquille », ces « dix points de valeur ajoutée qui ont glissé de la poche du travail à celle du capital », sur « les 500 fortunes qui représentaient 5 % du PIB il y a vingt ans, 30 % désormais », sur « le triplement de la part des dividendes », record battu cette année, 60 milliards pour le CAC 40, record mondial à plus de 1 400 milliards, sur cet immense magot qui doit rester caché, secret, que ça ne nous donne pas des idées, « il n'y a pas d'argent magique, les enfants ». J'ai déjà écrit sur ces ponctions, géantes, qui ne nuisent pas seulement aux salariés, mais à l'investissement, aux entreprises elles-mêmes, « dévorées de l'intérieur par le ténia de la finance ». J'ai déjà écrit, lassé, lassant, sur l'allégeance à ces nouveaux seigneurs, seigneurs du numérique, seigneurs du médicament, seigneurs des *private equity*, pour qui on déroule le tapis rouge, on ouvre les palais à Versailles, les salons de l'Élysée pour des audiences privées, les arrangements à l'amiable au sommet, ces nouveaux seigneurs qui forment, comme au Moyen Âge, une classe à part, les néo-aristos exemptés d'impôts, laissant aux autres, aux hommes et aux femmes ordinaires, la taille et les corvées, à merci, et aujourd'hui on les remercie.

Tout cela, je l'ai écrit, déjà.

Que dire de plus ? Que par temps de corona cette ligne ne bouge pas. Certes, « le moment que nous vivons est un ébranlement intime et collectif », nous dit le président, certes, « sachons sortir des sentiers battus », et même « sachons nous réinventer – moi le premier », certes, certes, certes. Mais, là-dessus, il ne varie pas d'un iota. Sur l'« évasion fiscale » et toute la gamme de l'« optimisation », le mutisme est maintenu sur les maîtres. Nulle diatribe contre Jeff Bezos, le patron d'Amazon, qui enregistre, à lui tout seul, un bénéfice de 24 milliards d'euros en quatre mois, un million d'années du salaire de n'importe lequel de ses « collaborateurs ». Rien sur les profiteurs de mort, pas une décision, pas une réprobation contre Sanofi, dont l'action bondit. Pas de répit pour le profit, et le silence complice, toujours.

Ce sont, pour moi, les deux faces d'une même pièce.

Les ultra-précaires. Les ultra-milliardaires.

Leurs sorts sont liés : « C'est de l'enfer des pauvres qu'est fait le paradis des riches », énonçait déjà le manichéen Victor Hugo.

« Si plusieurs tailleurs travaillent à l'habit d'un seul homme, remarque Montesquieu, beaucoup d'autres n'auront pas de quoi se vêtir. »

Dans un pays riche, qui n'a jamais été aussi riche, à quoi servent nos richesses ? Aux « activités essentielles à la vie de la Nation » ? Aux femmes et aux hommes qui soignent, qui nettoient, etc. ? À ce qu'elles aussi, eux aussi, puissent se vêtir, se nourrir, se soigner, se loger, dignement ? Vivre décemment ?

Ou à gaver les inutiles ?

*

Notre rupture tient en un mot, guère nouveau.

ÉGALITÉ

À force d'être répétée comme une formule de politesse, LibertéÉgalitéFraternité, cette « égalité » apparaîtrait usée, comme une banalité ? On l'aurait trop vue sur le fronton de nos mairies, et hier sur nos pièces de monnaie ? Je ne crois pas, au contraire. C'est un cri qui a poussé dans le ventre de notre peuple, qui a surgi dans la nuit des servitudes, et si nos aïeux de 1789 l'ont placée au centre de leur devise, c'est qu'elle est la clé de voûte: qu'on y touche, et tout s'écroule, et la nation s'ébranle, et le pacte républicain s'effondre.

Or, depuis trente ans au moins, depuis les années 1980, cette « égalité » est abîmée, pas seulement dans les faits et dans les chiffres, dans les contre-réformes et les coefficients de Gini, mais dans les mots. L'« égalité » n'est plus, pour nos dirigeants, une vertu, un but jamais atteint, toujours recherché, mais l'amorce d'un crime: à peine évoquée, l'« égalité » est aussitôt dénoncée en « égalitarisme », avec au-dessus les ombres qui planent de la guillotine et du goulag, ce suffixe « -isme » qui exhale l'« idéologie », l'« utopie », la « folie ». Essayez, osez « égalité » dans leurs cénacles, dans leurs médias, non pas « égalité des chances », ni « égalité des droits », mais « égalité » tout court, et vous verrez avec quelle célérité sera brandi le spectre de l'URSS, de la Corée du Nord ou du Venezuela. « Égalité » qui fait trembler, encore, danger pour les privilégiés de la modernité. Non, décidément non, le mot n'est pas usé, tandis que les « inégalités », elles, sont bien en cour, réhabilitées, « il en faut », elles « stimulent les énergies »...

C'est de là que saigne le cœur de la France: de cette « égalité » blessée. C'est ce cœur qu'Emmanuel Macron a tenté, lui, de carrément arracher, piétiner, avec une étonnante franchise: ISF, flat tax et exit tax pour les « premiers de cordée », et « en même temps » CSG relevée pour les retraités, APL diminuées pour les locataires, contrats aidés supprimés pour les précaires. Il prenait aux pauvres pour donner aux riches avec candeur, tant il la croyait déjà morte, au fond, l'« égalité ». Il s'est trompé. Le cœur vibrait encore.

Aussi, cette « égalité », nous devons la revendiquer, haut et fort, sans la honte des crimes de Lénine ou de Caïn, de Robespierre ou de Lady Macbeth. Cette « égalité », elle doit être notre pierre angulaire, non pas comme un rêve d'absolu, pure et parfaite, mais, à l'inverse, impure, imparfaite, un chemin vers la justice sociale, vers la « *common decency* » chère à Orwell, la « décence commune », la « dignité ordinaire ». Tous, toutes, d'une même et humaine condition, avec des différences, certes, des dissemblances, mais sans gouffre entre nous, sans gouffre salarial, sans gouffre éducatif, sans gouffre sanitaire…

ÉGALITÉ

C'est désormais, plus que jamais, une nécessité.

Pourquoi ?

Parce que c'est « l'écologie ou la mort », aujourd'hui. Soit nous bouleversons nos vies, emploi, logement, transport, industrie, loisirs, soit nous ouvrons à nos enfants, à nos petits-enfants, des décennies d'horreur, l'enfer sur terre. Dans ce virage, l'égalité joue un rôle clé, et je m'en vais ici radoter *Il est où, le bonheur.*

D'abord, parce que les inégalités sont un moteur de la consommation. « *Keep up with the Joneses* », dit-on en anglais, tenir son rang, le même que les Durand, chercher à s'élever, toujours imiter, un peu, le groupe juste au-dessus de nous. C'est la « rivalité ostentatoire » mise en lumière par le philosophe Thorstein Veblen, une spirale infernale aussi pour l'environnement. Aussi, cette pyramide sociale, vaut-il mieux l'aplanir pour brider le moteur.

Ensuite, pourquoi des civilisations ont-elles disparu ? Une équipe de la Nasa a développé un modèle prédictif, Handy, pour « Human And Nature DYnamics ». Des chercheurs, dont le mathématicien Safa Motesharrei, ont étudié les précédents effondrements et ont identifié deux causes majeures : « la rareté des ressources provoquée par la pression exercée sur l'écologie » et « la stratification économique, la trop forte disparité entre élites et roturiers ». Tandis que les « roturiers » alertaient sur la catastrophe, tandis qu'ils en souffraient déjà, les élites, elles, continuaient à diriger leur société droit dans le mur : les richesses leur procuraient, durant un temps, une génération, un « effet tampon ». De quoi en tirer des leçons, espèrent les scientifiques : « Les deux solutions clés sont de réduire les inégalités économiques afin d'assurer une distribution plus juste des ressources, et de réduire considérablement la consommation de ressources. »

Enfin, ce n'est qu'unis qu'on triomphe des grandes épreuves. Aucun peuple déchiré, divisé, ne remporte de guerre, et il a fallu à l'Angleterre, en plus de l'orgueil, en plus de la fierté, des mesures d'égalité, de justice, pour tenir bon face aux bombardements d'Hitler, pour supporter ensemble « le labeur, le sang, la sueur et les larmes». Comment imaginer que les Français accepteront, non pas des changements lents, progressifs, mais un basculement, des contraintes nouvelles, oui, des sacrifices, pourquoi pas, si le pays est traversé par un sentiment d'injustice? Miné par le dégoût? Il nous faut des frères de combat, des sœurs de destin, une fraternité qui ne peut aller qu'avec une relative égalité.

ÉGALITÉ

Mais comment?

Dans notre trousse de mécano, un machin, rouillé, rongé, mais qui peut servir encore: la fiscalité. La Révolution française est née de ça, au fond, d'une exigence de justice fiscale: pourquoi les paysans pauvres versaient-ils la gabelle, dont les seigneurs étaient exemptés? À l'hiver 2018, les Gilets jaunes sont partis de là, également, avec leur taxe sur le gasoil, avec leurs affichettes «Que les gros paient gros et que les petits paient petit». «Nous ne reviendrons pas sur les mesures que nous avons prises pour encourager l'investissement», précisait Emmanuel Macron dans sa Lettre aux Français ouvrant le Grand Débat. On pourrait discuter, donc, du 80 kilomètres/heure, de l'immigration, de la laïcité, mais de ses choix fiscaux, non. Des choix de ses prédécesseurs non plus, car voilà trente ans qu'on «encourage l'investissement»: baisse de l'impôt sur les sociétés, de l'impôt sur les héritages, de l'impôt sur les hauts revenus, de l'impôt sur les plus-values, baisse de l'impôt, en général, sur les « bases mobiles » : les capitaux, les multinationales, les grands patrimoines, qui menacent de s'exiler. Tandis que les impôts locaux, la TVA, la CSG, prennent le relais, sur les « bases immobiles », condamnées à rester ici : vous, moi, les PME, les artisans, les commerçants, qui ne risquent pas de se délocaliser au Panama ou à Jersey.

Il nous faut un « choc fiscal », maintenant, un électrochoc sur les nouveaux seigneurs.

ÉGALITÉ

Que faire pour Nathalie, caissière, Martine, auxiliaire de vie, Géraldine, agent de propreté ?

Leur garantir un statut, un statut national, un statut reconnu, avec dedans un salaire minimum, à revaloriser, avec les heures de transport comptées, avec le treizième mois à la clé, avec des coupures encadrées, tout comme l'amplitude journalière, moins tôt le matin et moins tard le soir, avec des clauses pour les maladies professionnelles, avec une retraite avancée pour cause de pénibilité, avec des temps partiels qui soient l'exception et non la règle, bref, un statut, et j'insiste là-dessus : statut, statut, statut. Pourquoi j'insiste ? Parce que les Marcheurs rêvent d'une société sans statut, avec des contrats en permanence revus entre employeurs et employés, des employés atomisés, des employés sous-traités et maltraités, des employés qui n'en sont plus, d'ailleurs, ubérisés, transformés en « autoentrepreneurs », « indépendants », et en vérité ultra-dépendants, missions aléatoires, tarifs variables. Cette société « mobile », « liquide », « en mouvement », c'est un idéal de classe, de « servis » s'offrant à moindres frais une nouvelle domesticité, plus « élastique ». Quand le statut, au contraire, pour les métiers populaires, c'est l'assurance d'avoir du « solide », un socle, une sécurité.

Je lis ainsi l'acharnement contre les cheminots : c'est le dernier métier populaire avec un statut. Aussi faut-il le liquider, agiter les petites jalousies, pour qu'on n'entrevoie pas la grande Justice, pour qu'on n'en fasse surtout pas l'exemple du statut à imiter, à construire pour « les femmes et les hommes qui soignent, qui transportent, qui hébergent, qui nettoient », pour « le peuple travailleur de France ».

ÉGALITÉ

Dans ce resserrement des écarts, dans ce rapprochement des conditions, on pourrait, par référendum, fixer un cap : des revenus variant de 1 à combien ? À 5 ? À 10 ? À 20 ? Une fois ce seuil établi, relever le plancher et abaisser le plafond pour affronter ensemble, plus unis, la grande transformation.

UN POÈME (ÇA FAIT DU BIEN)

Euryale, dramaturge, Paris

Ces bas salaires
Ces mi-temps sous-payés
Ces femmes qui voulaient l'égalité
Ces régimes spéciaux privilégiés
Ces fonctionnaires fainéants et trop nombreux
Ces soignants trop gâtés
Ces agriculteurs pauvres
Ces enseignants qui avaient trop de vacances
Ces grévistes qui prenaient en otages
Ces Français assistés

Ceux qui n'avaient pas traversé la rue
Ceux qui n'étaient pas réformables
Ceux qui refusaient la fermeture des usines
Ceux qui au fil de l'Histoire, et parfois en même temps, sont rouges, jaunes ou noirs

Ceux qui n'ont pas de villas
Ceux qui ne sont pas actionnaires

Ceux qui abîment leur corps et leur santé
Ceux qui se battent sans espoir de médaille

Ceux qui sont aujourd'hui sur le front.

Notre France.
Merci.

ÉPILOGUE

«Le modèle de développement»

L'OBJECTIF

Renée, universitaire retraitée, Hauts-de-Seine

« Modèle": l'expression suppose un schéma figé à imiter sans se poser d'autre question.

Plus grave, si le "modèle" est mis en question, il semble que le "développement", lui, soit conservé: on change de logiciel, mais pas d'objectif. »

« Ça y est, lundi, nos résidents pourront être testés… Enfin ! On va recevoir l'autorisation… »

Maryse Candas dirige l'Ehpad de Crécy-en-Ponthieu, qui a enregistré neuf décès.

« Ça devait être sérologique, finalement ce sera dans le nez. C'est moins fiable.

– Mais vos premiers malades datent de quand ?

– Début mars, le 5 je crois. Et lundi, on sera le 4 mai. Ils ont mis deux mois…

– Et pendant tout ce temps les personnes âgées n'ont pas été testées ?

– Ni les soignants. On a juste reçu trois tests, tous les trois positifs. Mais ça s'est arrêté là.

– Comment vous expliquez ça ?

– Oh, les mystères de l'Agence régionale de santé, vous savez… »

J'avais piqué une crise, déjà, mardi dernier, auprès de la préfecture. Par téléconférence, pour préparer le déconfinement, la préfète avait réuni les parlementaires de la Somme. « Nous avons une capacité de 800 tests par jour, annonçait son directeur de cabinet.

– Mais combien on en fait pour de vrai, alors ? je demandais.

– Je ne sais pas. En tout cas, c'est moins de 800, puisque nos capacités ne sont pas débordées…

– Elles ne sont pas débordées ? Mais alors, testez tous les soignants ! Testez les enseignants qui vont reprendre les cours ! Combien on en a fait, dans le département, depuis le début de l'épidémie ?

– Je ne sais pas. On va se renseigner auprès de l'ARS. Dès que la cellule tests sera opérationnelle, nous pourrons…

– Attendez, vous blaguez, là ? On est le 21 avril. Ça fait plus d'un mois qu'on enferme tout le monde, plus d'un mois que l'OMS a prévenu, "testez, testez, testez", et vous nous dites que la cellule tests n'est pas en place ? »

Dans le silence, on sentait le malaise au bout du fil.

La préfète a repris le combiné : « Madame messieurs les élus, nous comprenons votre impatience, et nous n'allons pas cacher les grandes difficultés, même les ratés, dans la gestion de cette crise », etc.

Après renseignements, nous étions à moins de cent tests par jour. Un dépistage pourtant décrit comme « massif », « une mobilisation sans précédent ».

Et cette semaine, donc, ce mardi 28 avril, le Premier ministre présentait à l'Assemblée son « plan de déconfinement » : « Nous serons en capacité de massifier nos tests, de réaliser au moins 700 000 tests virologiques par semaine au 11 mai. Ça nous permettra de mettre en œuvre des campagnes de dépistage, comme nous l'avons déjà engagé, pour les Ehpad notamment… »

Me frappait surtout, dans ce discours d'Édouard Philippe, l'usage du futur : les tests arriveront, demain toujours demain.

Alors que le chef du gouvernement pérore dans l'hémicycle, on m'envoie cette donnée : « 28 April 2020. Diagnostic testing for Covid-19 in OECD countries. France : 9.1 tests per 1 000 population. »

C'est un naufrage que décrit ce seul chiffre : la France figure au 30e rang sur 36, derrière la Turquie, la Lituanie, l'Estonie. Alors que, en principe, c'était au cœur de la stratégie : « Testez et confinez les positifs. » À la place, on confine tout un pays…

C'est une calamité après l'autre.

Sur les respirateurs. À grand renfort de publicité, le gouvernement annonçait un « consortium Air Liquide, PSA, Schneider Electric et Valeo ». C'était leur super-truc. Et, on vient de l'apprendre, ce mardi 28 toujours : sur 10 000 respirateurs livrés, 8 500 sont « inadaptés » et « peuvent même être délétères pour les patients Covid+ atteints d'un syndrome de détresse respiratoire aiguë». Qui les poursuivra pour haute trahison ?

Côté surblouses : on vient de m'appeler pour un nouveau devis, en Pologne, et j'en reçois du Languedoc jusqu'au Maroc (à des tarifs parfois prohibitifs), je les adresse à l'hôpital d'Abbeville. Où l'on se couvre, toujours, en attendant une livraison, de toiles de paillage récupérées chez Gamm Vert, cousues à la maison par des bénévoles et des soignants (en plus de leur boulot).

« Aucun masque en vente ici », indique, par une affichette, la pharmacie derrière chez moi. On se débrouille, ma mère m'en a fabriqué un, tout blanc, ainsi que pour les enfants. Et la sous-ministre à l'Industrie, Agnès Pannier-Runacher, se refuse par ailleurs à « fixer un prix maximum qui » – je cite – « risquerait de freiner l'innovation ». Elle compte sans doute y installer la 5 G…

Pour les traitements, enfin, je la questionnais : « Dans une note, votre gouvernement adresse cet ordre aux médecins : “Il est impératif que chaque service mette en œuvre dès à présent des mesures d'épargne de doses des médicaments concernés et ait recours à des alternatives thérapeutiques.” Ça veut dire, peut-être, des patients qui souffriront, voire qui mourront, sans assez de sédatifs, d'hypnotiques, pour atténuer leurs douleurs. Alors, on peut savoir comment la production a été modifiée en France, en

PROMO CHEZ CARREFOUR

Guillaume, pharmacien

« Nous nous sommes retrouvés gestionnaires des masques issus du stock d'État pour les médecins ainsi que les autres professionnels de santé. Faute de stock, nous avons refusé à toute la population la délivrance de masques. Cela n'a pas été tâche facile, il a fallu faire preuve de beaucoup de patience et de pédagogie pour ne pas que les esprits s'échauffent. Nous sommes allés au charbon tous ensemble, tous solidaires, en croisant les doigts pour ne pas l'attraper et ne pas le transmettre à nos enfants.

Aujourd'hui, à la date où je vous écris, les grandes surfaces annoncent sur l'ensemble des plateaux télévisés détenir chacune des centaines de millions de masques chirurgicaux ou textiles prêts à être vendus ! Carrefour a annoncé fièrement sur BFM posséder dans l'immédiat 225 millions de masques !

Je suis épuisé.

Les réserves initiales de masques étaient, on le sait tous, de 117 millions, au lieu des 600 millions préconisés en cas de pandémie. C'est un fait. Ce n'est pas l'heure, mais j'espère que des têtes tomberont après coup. Depuis, nous rationnons tout, nous établissons des listes avec numéro professionnel de chaque unité distribuée, nous ne protégeons pas les personnes à risque, et voilà qu'aujourd'hui, suite à l'autorisation de vente des grandes surfaces, les stocks se libèrent.

Des gens, des soignants sont morts faute de masques ! »

Europe ? Notamment chez Sanofi, qui devrait être le premier outil pour résoudre ce gros souci ? » Elle me répondit, en gros, qu'elle l'ignorait, et là, texto : « On peut faire confiance à Sanofi… » J'en bondis, casque sur les oreilles, derrière mon écran partagé : « Surtout pas ! Je n'ai aucune confiance dans Sanofi. Aucune. Ce sont des psychopathes du profit. » Au bout du Zoom, j'entendais sourire mes collègues, habitués à mes colères. Et la secrétaire d'État répéta : « On doit faire confiance… »

Faire confiance.

En deux mots, on comprend. On comprend tout. On comprend la débâcle : pourquoi cette nullité, généralisée ? Ce n'est pas dû au hasard. Ni aux circonstances. Ni à la « bureaucratie ». Mais c'est parce qu'ils « font confiance ». Ils font confiance à Sanofi, ils font confiance à PSA, ils font confiance à Amazon. Ils font confiance, surtout, à la main invisible du marché, qui viendra tout rééquilibrer, allouer au mieux les ressources, qui finira par délivrer des masques, des respirateurs, des surblouses, des médicaments, à qui en a besoin, ou, du moins, à qui en paiera le prix.

Voilà la clé, la clé de toute cette histoire, de toute cette débâcle : ils ne veulent pas diriger. Ils ne veulent pas le pays, ou du moins l'économie. C'est bizarre pour des dirigeants, mais il faut saisir ça : ils ne veulent pas diriger.

Dans toute cette affaire, leur idéologie les a entravés. Leur psychologie, la psychologie de nos élites, façonnée depuis trente ans, les a empêchés d'agir, de réagir. De guider la production. De fixer aux firmes des « impératifs ». De recourir, si nécessaire, à des réquisitions. À la place, ils ont attendu que le marché marche, que la « concurrence libre et non faussée » fasse son œuvre. Et, face aux pénuries en série, comment ont-ils agi ? Ils ont installé une « plateforme B2B » !

Sur la vie, sur nos vies, ils sont capables d'instaurer d'immenses contraintes, presque sans limite. Mais sur l'économie, aucune, à aucun moment : elle doit se mouvoir librement, elle. Il faut la « libérer » toujours plus. Quand bien même elle ne servirait plus la vie, quand bien même elle lui nuirait.

C'est avant tout une défaite intellectuelle, cette histoire, une défaite de leur pensée.

Ces masques, ces respirateurs, ces surblouses, ces médicaments me paraissent un cas d'école. Un cas miniature : s'ils ne sont pas fichus de produire ça, de s'organiser pour ces machins, comment feront-ils pour le climat ? Pour réorienter l'agriculture, l'industrie ? Pour baisser, et pas qu'un peu, la consommation d'énergie ? Et cent autres défis, combien plus immenses ? Comment feront-ils ? C'est simple : ils ne feront pas. Ils ne font pas.

*

« Mes chers compatriotes, il nous faudra demain *interroger* le modèle de développement dans lequel s'est engagé notre monde depuis des décennies et qui dévoile ses failles au grand jour. »

Après deux mois de fermeture, et d'écriture, je me suis gardé la première phrase pour la fin.

« Il nous faudra demain *interroger* le modèle de développement. »

« Interroger » ?

« Demain » ?

Emmanuel Macron a le même âge que moi, à peu près, la quarantaine passée. Au cours de notre brève existence, depuis notre naissance, 40 % des oiseaux ont disparu, 60 % des vertébrés, 75 % des insectes. Tout ça, ces scores, en une génération, autant dire rien à l'échelle de l'histoire et de la préhistoire. Durant la décennie à venir, ce sera pire : la catastrophe devrait s'accélérer. Nous vidons les airs, les mers, la terre. Et, même sous terre, les lombrics se font rares. Nous rendons l'eau imbuvable, l'atmosphère irrespirable. Cet hiver encore, sous le bruit du corona, le climat battait tous les records : plus de 2 °C au-dessus des normales en janvier, plus de 3 °C en février.

Nous savons tout ça, nous le savons tous.

Et nous savons pourquoi : à cause du « produire plus et consommer plus », les deux mamelles de notre « modèle », un « modèle » qui n'en est plus un, et depuis longtemps. Les Français grillent l'équivalent de trois planètes, les Américains de cinq. Le « jour du dépassement » se rapproche sans cesse : en 1970, on était presque à l'équilibre, le 29 décembre ; en 1977, l'année où il est né, c'était le 11 novembre ; et c'est le 1er août désormais. En France, dès le 5 mars, nous vivons à crédit écologique.

J'enfile les évidences, fatigantes, déprimantes, un constat rabâché mille fois, et que je résumerai abruptement : nous laissons un monde de merde à nos enfants. Je ne m'excuserai pas pour cette vulgarité, tant il faudrait choquer pour un électrochoc. Oui, nous sommes en train de tout niquer, de massacrer la vie, de mettre l'enfer sur la Terre, de préparer un calvaire pour mon Jojo de 11 ans, mon Ambrouille de 8 ans...

J'écris ces lignes, et mon ventre se serre, d'angoisse.

La tragédie est déjà là, nous pend au nez. Il la connaît. Nous devons agir, agir vite, agir de toute urgence, « essayer quelque chose », et, à la place, le président nous propose quoi ? Un exercice d'introspection. De nous « interroger ».

Quel verbe attendait-on, évidemment ? « Changer » : « Il nous faudra demain changer de modèle. »

Et « changer » tout de suite, « changer » maintenant, même pas demain.

Mais que « interroger » s'interpose là, c'est comme un lapsus. Un lapsus mûri, un lapsus qui mêle conscience et inconscience : ils ne changeront jamais. Ils ne changeront rien. Ils ne veulent rien changer.

*

« Monsieur le Député,

Je vous prie de bien vouloir trouver ci-joint notre communiqué à l'annonce, ce mardi 28 avril, par le commissaire européen au Commerce, Phil Hogan, de la conclusion d'un accord de libre-échange modernisé entre l'UE et le Mexique. Cet accord prévoit, notamment, l'ouverture du marché européen à 20 000 tonnes de viandes bovines mexicaines chaque année, à 7,5 % de droits de douane. Ces viandes mexicaines étaient, jusqu'ici, interdites sur le marché européen pour raisons sanitaires. Alors que, depuis le début de la crise mondiale liée au Covid-19, les institutions européennes répètent que tout doit être mis en œuvre, dans le "monde d'après", pour préserver notre souveraineté alimentaire. »

C'est Interbev, le lobby de la viande bovine, qui m'interpelle ainsi. Au début de mon mandat, à l'occasion des États généraux de l'alimentation, son président était auditionné en Commission des affaires économiques : « Qu'attend-on de nous ? avait lancé Bruno Dufayet, lui-même éleveur. Vous voulez la compétition, le modèle néo-zélandais ? On le fera.

Une agriculture familiale de proximité, qui intègre le bien-être animal ? On le fera. Vous voulez tout à la fois ? C'est aux Français et à vous, les politiques, de fixer un cap. »

C'était juste.

Mais, justement, la « Loi pour l'équilibre des relations commerciales dans le secteur agricole et alimentaire » n'a fixé aucun cap. Ne dirige vers aucun « modèle » d'agriculture.

Le constat, nous l'aurons répété mille fois, sur tous les bancs : la chute des cours, du lait, du blé, du porc, mène à la misère. Un agriculteur sur trois vit avec moins de 350 euros par mois. En vingt ans, le nombre d'exploitations a été divisé par deux. Avant la Révolution, on voit les gravures, le paysan portait sur son dos l'aristocrate et le clergé ; ils sont aujourd'hui remplacés par l'industriel et la grande distribution. Sur tout ça, diagnostic partagé.

Quels remèdes s'imposent, alors ? De la régulation ? Des prix planchers ? Des quotas d'importation, de production ? Des coefficients multiplicateurs ? Des outils guère novateurs, mais qui, bon, ont fait leurs preuves durant des décennies ? Michel-Édouard Leclerc lui-même était prêt : « Si la pauvreté de nos agriculteurs, c'est une cause nationale, très bien, mettons alors un prix minimum, un prix plancher. On a bien un salaire minimum, pourquoi pas un prix minimum du lait et de la viande ? Cette solution, ce n'est pas nous, du privé, qui pouvons la porter, c'est la politique. Si c'est une cause nationale, allons-y. »

Mais, pour les Marcheurs, c'était toucher là au Dogme. Interdits, muets, ils étaient piégés – comme durant toute la crise Covid-19 : certes, le marché ne marchait pas, n'équilibrait rien, déséquilibrait tout, il fallait en sortir, l'encadrer, le tempérer, et, en même temps, cette nécessité se heurtait à leur doxa. À la place, ils ont donc instauré une usine à gaz législative : des « accords-cadres » où la « détermination du prix » prend en compte « un ou plusieurs indicateurs relatifs aux coûts pertinents de production ». De l'imbitable, inapplicable. Et, finalement inappliqué.

Mesure-t-on jusqu'où va le dogmatisme ? Nous envisagions, dans un article, d'inscrire que les cantines devraient se fournir par des « circuits courts » ou « locaux ». Le consensus était presque obtenu, dans tous les groupes, mais rapporteur et ministre rappelèrent leurs troupes à l'ordre : ce serait « porter atteinte à la libre concurrence », et c'est un attentat que Bruxelles n'aurait pas toléré…

Quel bilan, à l'arrivée, une année après la loi ? Pour le lait UHT, la part du prix revenant à l'éleveur a diminué de 5 %, tandis que la marge des distributeurs augmentait de 8 %. Idem, en pire, pour le blé : –21 %. Au final, concluait l'UFC-Que choisir, c'est

CHEZ LES PAYSANS, QUEL DÉSARROI !

Matthieu, vétérinaire en Savoie

« Derrière le voile du confinement, la colère gronde. Vétérinaire rural, je continue à parcourir la campagne pour gérer les urgences des éleveurs. Quel désarroi. Depuis treize ans que j'exerce ce métier, je rencontre des femmes et des hommes courageux, et pas un jour ne passe sans que je me dise : mais comment font-ils pour tenir ?

Travail difficile, revenu faible, et la pression sociale accusatrice qui pèse sur leurs épaules, puisqu'on les accuse d'être des pollueurs/tueurs de la pire espèce, eux qui, pour beaucoup, ont subi les contraintes du productivisme agricole en faisant de leur mieux. Beaucoup de détresse chez eux, de peur en l'avenir, de désillusions. Le « bon sens paysan », sous pression financière, a du mal à s'exprimer, laissant parfois la place au ressentiment, au racisme ou à la haine des écolos... C'est une conséquence de ce que le système produit.

Ces derniers jours, lors de mes visites, je sens encore plus leur désarroi. Fermeture des marchés annoncée le soir, alors qu'ils ont travaillé toute la journée pour transformer leur viande, leur lait en yaourts ou en fromages. Laiteries qui leur demandent de diminuer la quantité de lait et qui dégradent le prix au litre. Il y a de la souffrance, de la colère qui gronde, bien qu'on soit dans une région de montagne privilégiée.

J'ai l'espoir, comme vous, que cette crise que l'on traverse puisse remettre les choses dans le bon sens, pour que "des secteurs essentiels ne soient pas soumis aux lois du marché". »

« un chèque en blanc de 1,6 milliard d'euros sur deux ans à la distribution ».

Et donc, enfin, ce grand écart : pour les agriculteurs, président et gouvernement prônaient la « montée en gamme », la « relocalisation ». Et en même temps, en même temps, ils ratifiaient l'accord du Ceta avec le Canada. Ils négociaient avec le Mercosur. Ils signent maintenant avec le Mexique, et en même temps, en même temps, ils vantent la « souveraineté alimentaire ». Dire l'un et faire l'autre, tout et son contraire, sans cap et sans boussole pour notre agriculture.

Mais sans cap et sans boussole, également, pour notre société. Dans l'impuissance, dans l'incompétence à offrir un « modèle », à le défendre.

Leur rhétorique tourne à vide.

Mais elle tourne encore. Et avec des haut-parleurs…

*

« La meilleure façon de rembourser la dette que nous sommes en train de contracter, prévient Bruno Le Maire, ministre de l'Économie, ce sera de se remettre fortement au travail après la crise sanitaire pour retrouver de la croissance » et ainsi « rester dans la course de la compétition mondiale avec les États-Unis et la Chine ».

Le président du Medef, Geoffroy Roux de Bézieux, dirait même mieux: « C'est la création de richesses qui permettra de rembourser la dette accumulée pendant la crise. Ensuite, il faudra bien se poser la question, tôt ou tard, du temps de travail, des jours fériés et des congés payés pour accompagner la reprise et faciliter, en travaillant un peu plus, la création de croissance supplémentaire. »

La sous-ministre de l'Industrie applaudit: « Il faudra probablement travailler plus que nous ne l'avons fait avant. Derrière, il faudra mettre les bouchées doubles pour créer de la richesse collective. L'enjeu est de reprendre le travail plein pot. »

La droite fait monter les enchères, avec Bruno Retailleau sur Inter: « Il faudra accepter de se retrousser les manches pour pouvoir gagner plus, travailler plus. La croissance, il va falloir aller la chercher. »

Ce n'est plus une petite musique, déjà, c'est tout l'orchestre qui s'y met, avec les violons, les cymbales, la grosse caisse, pour un air déjà connu: « croissance... concurrence... compétitivité... travailler plus pour gagner plus... »

On ferme la parenthèse.

On efface ce moment suspendu.

On oublie les autocritiques du début.

Tout rentre dans l'ordre. Et un ordre encore resserré, comme un nœud à la gorge qui nous étouffe. Ça y est, c'est fait, comme prévu: l'espoir est devenu menace, l'horizon s'obscurcit encore. Avec eux, avec ces mêmes dirigeants, ce sera de l'avant, comme avant, pire qu'avant.

*

Ce fatalisme, je l'ai éprouvé, ce matin, en sortant de chez Lucie M.

« Ah, euh, bonsoir... Bonjour... Excusez-moi, je viens de me lever. »

La gueule enfarinée, elle nous a conduits vers le salon. Il faisait noir. Le volet était fermé. Un plat de pâtes sèches traînait sur la table.

« Asseyez-vous sur l'assiette... euh, pardon, la serviette... euh, pardon, le siège... »

Avec mon amie Lynda, de Picardie debout, on s'est regardés : waouh. Et les deux gosses, 2 et 6 ans, se baladaient là-dedans, le sourire quand même. C'est pour eux qu'on venait, parce que Lucie, et d'autres familles du quartier, galéraient pour s'alimenter, dégâts du corona.

« Donner à manger à mes enfants, c'est ma priorité. Moi, je mange les restes quand il y en a.

– Pourquoi vous n'y arrivez plus ?

– Avant, pour le grand, avec l'école et le centre, y avait la cantine le midi, le goûter à quatre heures. Là, ça fait des repas en plus. Et les prix au Aldi ont monté, j'ai l'impression. Je suis stressée tout le temps, j'ai toujours peur de mal les nourrir. Pour le lait, ça va, surtout pour le petit. Mais les yaourts, c'est plus possible, et la viande encore moins. »

La mairie de quartier est fermée.

Les Restos du cœur n'inscrivent plus.

« Vous allez le remettre à l'école, alors, le 11 mai ?

– Ah non, j'ai trop peur pour eux. Ça fait peur, ce virus. On ne sort jamais…

– Vos enfants restent à l'intérieur toute la journée ?

– Ah oui, je ne veux prendre aucun risque, comme ils disent à la télé. »

C'était pas notre rôle, m'enfin, on s'improvisait conseillers santé : « Vous avez le droit de sortir une heure, madame. Ça leur fait du bien, aux enfants, de sortir, qu'il fasse beau, qu'il pleuve, ils en ont besoin… »

Punaise, les gosses, la mère, dans cette ambiance, dans l'obscurité, depuis près de deux mois ! Là, j'ai pensé : « Il faut déconfiner. Ces personnes, en priorité, les ramener. Ces fragiles, déjà éloignés, et qu'un vent de panique éloigne encore… Les isolés qu'on isole… » Puis j'ai osé, timidement, sans jugement : « Votre volet, pourquoi…

– Il est cassé. Regardez, il ne se lève plus, depuis décembre…

– Ça fait cinq mois que vous vivez dans le noir ?

– Oui, l'Opac devait venir le réparer en mars, mais avec le corona ils ont annulé leurs opérations. C'est tombé au mauvais moment… »

En un sens, j'ai respiré. Ce n'était pas elle, pas elle qui s'infligeait ça, s'enfermant, par peur encore, par peur de tout. Mais quand même, comment on peut traiter les gens comme ça ? Comment ils peuvent se laisser traiter comme ça ? Le respect qui se perd, de soi, de l'autre… Enfin bon, j'ai conclu intérieurement, au moins un souci que je pouvais résoudre.

En descendant, dans la rue, on est tombés sur des gardiens de l'office HLM. Je leur ai dit, pour le volet. Ils feraient remonter. Et moi j'appellerais le directeur, double sécurité, « ceinture et bretelle ».

« Justement, monsieur Ruffin, la ceinture, il va encore falloir se la serrer… » Je les entends mal, derrière le masque, ça fait un son sourd, et sourd je le suis un peu. « Quand on voit qu'ils lâchent 20 milliards par-ci, 100 milliards par-là, où on va les trouver ? » J'attends, j'écoute, je prends le pouls du Peuple. « Notre retraite, enchaîne le deuxième, c'est même plus la peine d'y compter… Même à 67 ans… Ça va être la crise complète, avec cette dette… » La chape de plomb de la résignation est retombée, ça y est. Faut la soulever, essayer, tous les jours.

« Y a d'autres méthodes, j'essaie. L'Allemagne, après guerre, le Japon, ils ont fait quoi ? » J'ai écouté Thomas Piketty, ce matin, sur France Inter, alors je fais rentrer un peu de la rue d'Ulm au Pigeonnier. « Ils ont fait une grosse taxe sur les plus hauts patrimoines, la moitié je crois… Qu'on fasse ça. »

Des moues sceptiques.

« Ils voudront pas, là-haut...

– Ah ça, non ! En France, depuis l'an 2000, les 500 familles ont multiplié leur fortune par sept... Par sept ! On leur en prend la moitié, ça laisse quand même le triple d'il y a vingt ans... Ça va, elles seront pas malheureuses... Et on récupère près de 500 milliards.

– D'accord, mais ils ne voudront pas. On va en prendre plein la tête.

– C'est pour ça qu'il faut la relever.

– Ouais, ouais. »

Ils cheminent vers leur camionnette, et moi vers la famille d'après. Qui ne dispose pas exactement d'un milliard...

La révolution ne partira pas du Pigeonnier ce matin.

Traînant ma carcasse, je ne vaux pas mieux que ces concierges, découragé autant qu'eux, abattu, bien souvent, dos courbé, épaules voûtées devant leur puissance, « là-haut », épuisé devant leurs cent bouches, lassé devant leurs mille bras qui détiennent tout, tous les leviers, médias, Sénat, Medef, Assemblée, armée, Conseil d'État, Conseil constitutionnel, Conseil européen, Conseil Machin, conseils d'administration, Commission, FMI, OMC, Banque centrale, Banque mondiale... et nous, si frêles, si petits, si solitaires, devant ce monstrueux « système ».

Et pourtant.

Et pourtant, sous l'apparence de leur omnipotence, sous leurs pieds, le sol se craquelle. Le pays est saisi, depuis des années, d'un référendum à un hiver en jaune, de Nuit debout aux Jeunes pour le climat, le pays est saisi d'un désir d'autre chose qui grouille dans nos ventres comme un volcan. Leur monde, nous n'en voulons plus, non pas le petit « nous » du ghetto gauchiste, mais le grand « nous » du peuple, des gens. Et ils le sentent, ils le savent, « là-haut ». « Un colosse aux pieds d'argile », disait-on de l'URSS, et pour qu'un micro-virus, invisible à l'œil humain, ait pu enrayer la machine, la faire trembler dans les esprits, avec une remise en cause, même partielle, même temporaire, par ses adeptes eux-mêmes, des « lois du marché » et de la « mondialisation », c'est que ses fondations, peut-être, ne sont pas aussi solides qu'il y paraît… « La crise moderne est liée à ce que l'on appelle "crise d'autorité", énonçait Antonio Gramsci. Si la classe dominante a perdu le consentement, c'est-à-dire si elle n'est plus "dirigeante", mais seulement "dominante", et seulement détentrice d'une pure force de coercition, cela signifie précisément que les grandes masses se sont détachées des idéologies traditionnelles, qu'elles ne croient plus à ce en quoi elles croyaient auparavant. »

Nous en sommes là.

Nous, les « grandes masses », n'y croyons plus, à leur bonheur fait de 5G, à leur « travailler plus pour produire plus pour consommer plus ». Nous ne les croyons plus, et ce coronavirus aura marqué encore une étape dans ce détachement.

Mais ça ne suffit pas.

Ils dominent encore.

Plus que jamais, même.

« Le temps est venu », il paraît, j'entends à la radio M. Hulot. La formule est jolie, empruntée à Hugo. « Est venu », comme si le fruit était mûr, qu'il suffisait de le cueillir, ou qu'il allait nous tomber tout cuit dans le bec. Il est des accents que j'apprécie, chez le plus populaire des anciens ministres, une conscience douloureuse de la cata en cours, mais là… « Il ne faudrait pas, conseille-t-il, que l'on cède à la tentation classique de la confrontation. »

Mais qu'espère-t-il ? Que des câlins suffiront ?

Ils ne lâcheront rien, ou des miettes, et surtout pas le manche. C'est un combat qui est engagé entre les « forces destructrices » et les « Terriens », une formidable bataille contre des intérêts gigantesques, contre des fortunes accumulées, contre un ordre du monde qui chaque jour les sert, contre des firmes plus puissantes que des États, et des États qui se couchent devant ces firmes. Et, sans bras de fer, ils renonceraient à ça ? À leurs paradis fiscaux et à leurs îles sous les tropiques ? À la croissance et à la concurrence ? Aux pavillons de complaisance sur leurs yachts, leurs porte-conteneurs, leurs pétroliers ? À leurs sous-traitants en Chine ou au Vietnam ? On leur fait des bisous, et ils se convertiront à l'écologie ? À « la vie vaut mieux que nos profits » ? Youpi youpi ? « Les liens plutôt que les biens » ? « Consommer moins, répartir mieux » ? On leur demande gentiment, et ils nous laisseront le volant ?

Vraiment ?

Le temps est venu, oui, de leur botter le cul.

*

La réouverture de l'école est repoussée.

Ça ne sera pas le 11 mai, ni le 18, peut-être le 25 (sous réserve). À nous, encore, les délices de l'ENT. Au fond, je n'étais pas pressé. Les annonces à la radio, ce matin, m'ont effrayé : collégiens masqués, sens de circulation dans les couloirs, récréation dans la distanciation, gel hydro et parano… « Où est la joie ? je me suis écrié en préfecture, devant la rectrice. Où est la joie, là-dedans, pour nos enfants ? »

À mon retour, vu le prolongement : « On va faire un album de confinement, j'ai suggéré.

– D'accord, Papa, a consenti ma fille (qui se rebelle souvent). Mais il faudra laisser des pages blanches à la fin…

– Pourquoi ?

– Bah, pour les prochaines fois. »

J'ai souri.

« Ah bon, tu crois ?

– Bah oui. »

Je me suis assombri. Ça relevait pour elle de l'évidence. Et, dans sa naïveté, sans doute a-t-elle raison, adaptée à son temps. Sans doute doit-on s'habituer, pour les crises à venir, les crises en série. Ce n'est qu'un début. Elle s'habituera aux masques. Elle s'habituera à ne pas chahuter ses copains. Elle s'habituera aux drones et au traçage, aux mesures policières à la place des mesures sanitaires. Elle s'habituera à ne pas faire de sport durant les canicules (c'est déjà recommandé), à ne pas sortir dans la cour durant les pics de pollution (le rectorat adresse cette consigne aux établissements). Elle s'habituera à la classe virtuelle et à discuter avec ses amies par Zoom. Elle s'habituera à la formidable et terrible alliance du pouvoir politique, économique, technologique, sous couvert scientifique, « restez chez vous », « aucun rassemblement de plus de dix personnes », pour notre santé, pour notre bien. Elle s'habituera à ce pas en avant dans le cauchemar orwellien.

Le voilà, l'« après ».

Sauf sursaut.

Sauf volonté.

Et de ce printemps, pourtant, dans notre « album », je veux retenir autre chose, aussi, d'autres germes pour l'avenir : le temps, sinon arrêté, du moins ralenti, les câlins au lit avec mes deux petits, la lecture sous les draps de Home Sweet Home, leurs premiers Sudokus, les parties de 1,2,3 soleil, de délivrance et de chat glacé, interrompues par Ambre qui fait : « Pouce !

J'ai envie de faire pipi ! », et qui enlève sa culotte sur place, et : « Ça y est, c'est fini ! », les jeux de société, le merle sauvé, le carré planté de ciboulette et de persil, la tendresse qui sauve tout, qui peut beaucoup, l'esquisse en mode mineur d'un bonheur simple, d'un futur meilleur, pour nous et pour tous, « la santé d'abord », « l'égalité », « la démocratie comme force », « la vie avant l'économie »...

*

« Timshel. »

C'est le dernier mot d'*À l'est d'Éden*, le gros roman qui m'a accompagné durant ces deux mois de corona. De John Steinbeck, collégien, j'avais adoré *Des souris et des hommes* et *Tortilla Flat*, plus tard *Les Raisins de la colère*, mais il me fallait un confinement pour ce pavé.

Dedans, un serviteur chinois, Lee, cherche à comprendre un extrait de la Genèse (4,1-16) :

> « "J'ai comparé les traductions que nous possédons. Dans la version King James, après que Jéhovah a demandé à Caïn la raison de sa colère, il ajoute : 'Tu domineras le péché.' C'était une promesse faite à Caïn, qu'il dominerait le péché. Alors je me suis procuré une Bible courante américaine. Elle dit : 'domine sur lui', et c'est là que réside toute la différence. Ce n'est plus une promesse, c'est un ordre.

J'ai commencé à m'y intéresser, je me suis demandé quel était le verbe écrit par l'auteur original et pourquoi il donnait lieu à des traductions différentes. Je me suis mis à l'hébreu, avec des vieux messieurs, et au bout de deux ans, nous avons découvert notre filon d'or: 'Tu peux.' 'Tu peux dominer le péché.'"

Samuel dit: "C'est une histoire fantastique. Pourquoi ce verbe est-il si important?"

La main de Lee trembla lorsqu'il remplit les tasses translucides. Il but la sienne d'un trait.

"Ne comprenez-vous pas? lança-t-il d'une voix forte. D'après la traduction de la Bible américaine, c'est un ordre qui est donné aux hommes de triompher sur le péché. La traduction de King James avec son *tu le domineras* promet à l'homme qu'il triomphera sûrement du péché. Mais le mot hébreu, le mot *timshel* – tu peux – laisse le choix. C'est peut-être le mot le plus important du monde. Il signifie que la route est ouverte. La responsabilité incombe à l'homme, car si tu peux, il est vrai aussi que tu peux ne pas, comprenez-vous? C'est un enseignement à garder. Ces mots solidifient la terre sous les pieds de l'homme et le défendent contre la faiblesse, la lâcheté et la paresse." »

« Timshel. »

Nous pouvons.

C'est notre liberté.

Nous pouvons saisir cette chance, changer de chemin et de destin.

Nous pouvons la laisser passer, par faiblesse, par lâcheté, par paresse.

*

Un nouveau monde est possible.

Il est attendu.

Il est désiré, fortement, massivement, comme un enfant.

Il peut naître.

Mais qu'on ne compte pas sur eux pour l'accoucher : ils feront tout pour l'avorter.

Remerciements

Toute œuvre est collective.

Un ouvrage ne peut exister sans, derrière l'auteur, le travail de toute une équipe, et dans mon cas d'une équipe largement bénévole. C'est d'autant plus vrai pour ce livre, produit autour de notre radio-cuisine « L'An 01 ».

À toute seigneure, tout honneur : Clémence, qui parvient à me supporter, même en mode confiné.

Mes collabs parlementaires et fakiriens : Anne-Sophie Jacques, Brigitte Venet, Cyril Pocréaux, Fabien Voulminot, Hector Vogler, Joseph d'Halluin, Magalie Crevel, Marie-Laure Gardaz, Pascale Scaglia-Menesson, Paul Bernardet, Sylvain Laporte, Thibault Lhonneur.

Les retranscripteurs fous : Mag, Catie, RA, Alcorre, Armoise, CedEmi, Laura, Chloé, Clémence.

Les ficheurs bénévoles : Pierre-Louis, Fabien, Sophie, Pauline, Olivier, Thomas, Robin, Julien, Nicolas, Mélanie, Laura, Jerome, Étienne, Maxime, Guillaume et Johanna.

La team numérique : Robin, Christopher, Romain, Théo, Alex, Geofrey, Mily, Toon, Jezabel, Stéphane, Brigitte, Alice, Denise, Jérémie.

Les amendeurs du livre : Clovis Senecat, Christophe Moreau, Pierre Thomé, David Fontaine, Maryse Jeanjean, Élisabeth Lacombe, Nicolas Hippert, Claudine Chaouiya, Zoé Tela, Louis Verdié, Philippe Pollet… et tant d'autres !

Les contributeurs et alerteurs : Anaïs, Anna, Anne, Antoine, Armand, Arnaud, Arthur, Baptiste, Bastien, Benjamin, Camille, Caroline, Christian, Christine, Christophe, Claire, Corentin, Didier, Dominique, Élie, Emmanuel, Éric, Erwan, Étienne, Fabrice, Florent, Florentin, Florian, François, Frédéric, Géraldine, Gérard, Ghislaine, Grégory, Guilhem, Guillaume, Henry, Isabelle, Jacques, Jean, Jean-François, Jean-Frédérique, Jean-Marc, Jean-Paul, Jeff, Jessica, Julie, Kéven, Kevin, Léo, Liliane, Loïc, Luc, Ludovic, Manon, Marc, Marcel, Marie, Marie-Laure, Maryse, Morgane, Murielle, Myriam, Nicolas, Olivier, Philip, Philippe, Pierre, Régis, Renée, Richard, Samuel, Samy, Sophie, Stéphen, Sylvain, Sylvie, Thomas, Val,

Valérie, Vincent, Yohann, Yvan, Yves, Zaccharie... et tellement d'autres!

Les invités de l'émission : Agnès, Sabrina Ali Benali, Delphine Batho, Cathy, Kamel Bendjeguellal, Olivier Besancenot, François Boulo, Dominique Bourg, Carole, Leïla Chaibi, Lucas Chancel, Clément, Sylvie Dufossé, Élodie, Caroline et Laurent Fiat, Cynthia Fleury, Anne Gervais, Romaric Godin, Fabienne Guillot, Paul Jorion, Sébastien Jumel, Nathalie Lachambre, Laloui et Samira, Léon Landini, Mathilde Larrère, Philippe Leleu, Freddy Leonardi, Pauline Londeix, Dominique Méda, Sébastien, Pablo Servigne, Axel Peronczik, Corinne Pointé, Serge Morand, Nassima, Gilles Perret, Patrick Weil, Sylvie, Viviane...

... grâce à qui on a fait de ce confinement, aussi, de chouettes moments!

Table

Achevé d'imprimer en mai 2020
par l'imprimerie
Normandie Roto Impression s.a.s.
à Lonrai
Dépôt légal : juin 2020
N° impr : 2001688
Imprimé en France